Heluiz Washburne
und ⊲ᓀᗒᑦ Anauta

Im Land des Nordlichts

Die Kinder von der Baffin-Insel

*Mit Illustrationen
von Kurt Wiese*

Verlag Freies Geistesleben

Aus dem Englischen von Hans Zehrer
Die amerikanische Originalausgabe mit dem Titel
Children of the Blizzard ist 1952 im
Verlag The John Day Company, New York, erschienen.

© 1952 by Heluiz Chandler Washburne.
Der Verlag Ensslin & Laiblin, Reutlingen, brachte 1964
eine deutsche Ausgabe in der Übersetzung von
Hans Zehrer heraus. Die vorliegende bearbeitete und
aktualisierte Neuausgabe geht auf jene Ausgabe zurück.

ISBN 3-7725-2022-7

Neuausgabe 2002
Verlag Freies Geistesleben
Landhausstraße 82, 70190 Stuttgart
Internet: www.geistesleben.com

© Verlag Freies Geistesleben
& Urachhaus GmbH, Stuttgart
Umschlagfoto: © Markus Bühler / Lookat
Druck: Clausen & Bosse, Leck

Inhalt

Eine kleine Vorgeschichte	7
… Und ein kleines, aber wichtiges Vorwort	9
Kampf mit dem Schneesturm	11
Salumo wird ordentlich geschüttelt	21
Kinder des Schneesturms	30
Die «Guten Schatten»	40
Walrossjagd	49
Überraschung in der Nacht	57
Der Seehund, der unterzutauchen vergaß	66
Gefährliches Treibeis	71
Das letzte Iglu	81
Kajakrennen	92
Ikkerra erlaubt sich einen Spaß	103
Ein neuer Gast	110
Sturm am Kap	118
Der König seiner Herde	125
Der fröhliche Musikkasten	133
Weiße Wale	146
Die Geschichte vom weißen Wal	151
Ein Geschenk des Meeres	156
Iglus und Uglus	161
Eine stürmische Nacht	170
Abschied	181
Was die Eskimowörter bedeuten	188
Die Baffin-Insel	190
Spiele der Eskimokinder	192

Eine kleine Vorgeschichte

Ein arktischer Schneesturm raste über das weite öde Land. Draußen am Rande des Eises stand Anauta, der Jäger, und strengte sich mächtig an, ein Walross an Land zu ziehen, das er gerade mit dem Wurfspeer erlegt hatte. Nun sollte es endlich wieder Fleisch geben, frisches Fleisch! Seit Wochen hatten die hungrigen Eskimos darauf verzichten müssen.

Als Anauta sich umwandte, bemerkte er mit Schrecken, dass ein breiter Riss zwischen dem Eis, auf dem er stand, und dem des Festlandes entstanden war. An keiner Stelle konnte er mehr über das schwarze Wasser zurückspringen, und mit jedem Augenblick vergrößerte sich der Spalt.

Als die Eisscholle in die See hinaustrieb, sprangen mehrere Männer in die Kajaks und versuchten, Anauta zu retten. Aber es war unmöglich, das Wasser war voll gefährlichem Treibeis. Drei Tage und drei Nächte trieb er auf der Eisscholle hin und her, während seine Verwandten und Freunde mit Angst im Herzen am Ufer standen. Und dann nahm das Wüten der Elemente weiter zu. Am vierten Tag brach die Eisscholle auseinander, und Anauta, der tapfere Jäger, versank in den Fluten.

In der gleichen Nacht erblickte ein Mädchen das Licht der Welt. Anautas Mutter, Umialik, stand der jungen Frau bei. «Welchen Namen willst du dem Kind geben?», fragte Umialik.

Sie hoffte im Stillen, dass sie das Kind zur Erinnerung an ihren eigenen Sohn Anauta nennen würde. Denn die Leute auf der Baffin-Insel glauben, dass ein Toter irgendwo draußen so lange umherirren muss, bis ein Neugeborenes seinen Namen erhält. Wächst das Kind heran, dann nimmt es die Stelle desjenigen ein, nach dem es genannt worden ist.

Die junge Mutter wusste: Gab sie ihrem Kinde den Namen Anauta, dann würde sie, wie es der Sitte entsprach, auf das Kleine verzichten müssen. Umialik würde das Kind zu sich nehmen und als ihr eigenes aufziehen. Aber Umialiks Kummer ging der jungen Mutter zu Herzen. Sie wusste, dass Umialik klug und gütig und von allen geachtet war, ja sogar bewundert wurde. Sie war eine Frau, von der ihr Kind nur Gutes lernen konnte. So antwortete sie denn: «Anauta soll es heißen.»

Das Kind wurde also der alten Umialik übergeben, auf dass sie es zu einem so tapferen Jäger erziehe, wie ihr Sohn Anauta einer gewesen war. Und damit das Kind ihm in jeder Weise gleiche, rief man das kleine Mädchen mit seinem Namen. Es trug Jungenkleider und lebte ganz wie ein Junge, bis es fast erwachsen war.

Jahre danach, nachdem Anauta groß geworden war, geheiratet und selbst Kinder bekommen hatte, kam sie nach Nordamerika und wurde meine Freundin. Oft erzählte sie mir von ihren eigenen Erlebnissen und denen ihrer Gefährtin. In diesem Buch haben ihre Erzählungen einen Niederschlag gefunden. Was ich hier von dem Eskimojungen erzähle, hat in Wirklichkeit Anauta erlebt. Der Schauplatz ist die Baffin-Insel im fernen Norden. Die Eskimos dieser Gegend sind noch wenig mit Menschen aus anderen Ländern in Berührung gekommen. Ihr Leben unterscheidet sich wesentlich von dem, das die Eskimos auf Labrador, in Alaska und auf Grönland führen. Daher gleicht diese Darstellung in keiner Weise den vielen anderen, die über die Eskimos geschrieben worden sind. Das Buch ist auch deshalb von den anderen verschieden, weil es von dem Leben und Treiben der Eskimokinder erzählt, so wie sie selbst es sehen, und nicht, wie es Fremden erscheint. Alle in diesem Buch erzählten Erlebnisse sind wahr, sie haben sich wirklich so zugetragen.

Heluiz Washburne

... Und ein kleines, aber wichtiges Vorwort

Viele Jahre sind vergangen, seit Anauta gemeinsam mit ihrer Freundin Heluiz Washburne dieses Buch geschrieben hat. Wenig später konnten es die ersten Kinder auch auf deutsch lesen.

Damals war es den Menschen in vielen Ländern Europas und in Amerika selbstverständlich, für das Volk, das im arktischen Nordamerika von Grönland bis Alaska lebt, den Namen Eskimos zu gebrauchen. Kaum einer wusste, was er damit aussprach: *Eskimo* bedeutet nämlich *Rohfleischesser*. Einige Forscher sagen allerdings, dass dieses Wort aus der indianischen Algonkin-Sprache noch etwas anderes heiße: *Schneeschuhflechter*. Der Name, den sie sich selbst geben, lautet *Inuit* – das heißt *Menschen*. Das ist ganz sicher seiner Bedeutung nach ein viel passenderer Name. Weil sie das sahen und vor allem auch, weil die Inuit selbst in den vergangenen Jahren betont haben, dass sie sich durch die Bezeichnung Eskimo beschimpft fühlen, haben inzwischen immer mehr Leute gelernt, *Inuit* statt *Eskimos* zu sagen. Und doch ist den meisten das Wort Eskimo das vertrautere; mit seinem geheimnisvollen Klang hat sich das Interesse an diesen Menschen verbunden, ohne dass irgendein Schimpf gemeint ist. In diesem Sinne wurde es auch in diesem Buch gebraucht, als es Mitte des Jahrhunderts auf englisch geschrieben und dann übersetzt wurde. Und da hierin auch die Lebensverhältnisse von damals beschrieben werden, haben wir es so gelassen.

Und nun kann die Geschichte endlich beginnen.

Evelies Schmidt
Verlag Freies Geistesleben

Kampf mit dem Schneesturm

Am Eingang eines Eskimoschneehauses, eines Iglu, standen drei Eskimokinder. Sie waren in warme Pelze eingehüllt und starrten angestrengt in die Ferne. Am Horizont war ein dunkler Punkt aufgetaucht, der sich langsam über den Schnee bewegte und immer näher kam. Manchmal konnten sie ihn nicht mehr sehen, weil der Sturm den Schnee in dichten Wolken durch die Luft wirbelte. Aber dann erkannten sie, dass es ein Hundeschlitten war, und zuletzt sahen sie auch die drei Menschen, die auf dem lang gestreckten Schlitten saßen.

Zwei Tage lang war der Blizzard, der furchtbare Schneesturm, über das Land gerast. Die Eskimos hatten sich in ihre Schneehäuser verkrochen, denn bei diesem Wetter wagte niemand auf die Jagd zu gehen. Heute war die Kraft des Sturmes gebrochen, aber er blies noch immer so scharf, dass niemand gerne seine Behausung verließ. Und nun kam in Sturm und Kälte ein Hundeschlitten dahergefahren!

Lautes Gebell ertönte. Die Hunde der Familien, die sich hier niedergelassen hatten, stürzten den Ankömmlingen entgegen, um sie auf ihre Art zu begrüßen. Sie sprangen auf die fremden Hunde los, beschnüffelten sie, knurrten und bissen; und einer forderte den anderen zum Kampf heraus, um ihm seine Kraft und Stärke zu zeigen.

Als die Leute in den Iglus den Aufruhr hörten, liefen sie hinaus und trieben die Hunde auseinander. Dann wandten sie sich den Fremden zu und begrüßten sie mit freudigem Lächeln. Nach altem Brauch sagten sie zu ihnen: «Fühlt euch bei uns wie zu Hause!»

Von ihrem Platz am Hauseingang konnten Salumo und

seine beiden Freundinnen Angmak und Supeali alles genau beobachten. Sie sahen, dass der Schnee in die Verschnürungen und das Riemenwerk des Schlittens eingedrungen war und verkrusteter Schnee die Köpfe der Hunde bedeckte. In den Kleidern und Haaren der drei Fremden hingen überall Eisstückchen. Das war der Beweis dafür, dass sie wirklich in dem schrecklichen Schneesturm der letzten beiden Tage draußen gewesen waren!

Die Kinder hörten, wie der Mann erzählte: «Der Blizzard kam und überfiel uns auf der weiten offenen Ebene. Es war unmöglich, ein Schneehaus zu bauen. Jedes Mal, wenn wir die Schneeblöcke aufeinander setzten, riss der Sturm sie wieder um. Wir mussten weiter, wenn wir nicht erfrieren wollten. Aber nun sind wir Gott sei Dank hier!» Todmüde waren sie jetzt und vom Sturm wie zerschlagen, aber hier sollten sie Obdach und Gastfreundschaft finden.

Der Mann begann den Schnee mit einem langen beinernen Messer zu untersuchen; er brauchte eine Stelle, wo er hart und fest zusammengebacken war. Bald war er dabei, große Blöcke aus dem Schnee herauszuschneiden und sich ein Iglu zu bauen. Seine Frau machte sich indessen mit der Schlittenladung zu schaffen, löste die Stricke und Riemen und klopfte den Schnee aus den Felldecken und Schlafsäcken.

Dies alles beobachteten die drei Kinder. Nichts entging ihren neugierigen Augen. Aber was sie am meisten interessierte, das war ein Junge, in ihrem Alter etwa, der die Hunde abschirrte.

Am liebsten wären sie sofort mit ihm bekannt geworden. Wenn er mit seiner Arbeit fertig sein würde, hatte er sicher noch Zeit, mit ihnen zu spielen, ehe sie schlafen gehen mussten. Aber sie waren zu schüchtern, um näher heranzugehen oder ihn anzusprechen. Und weil der fremde Junge auch scheu war, beäugten sie sich gegenseitig, ohne es einander merken zu lassen.

Schließlich war alles fertig. Der große Schlitten lehnte am Schneehaus und der Junge verschwand in der neuen Behausung, nachdem er noch einen Blick auf seine drei Altersgenossen geworfen hatte.

Angmak wandte sich zu ihren Freunden. «Nun ist er weg!», sagte sie. «Warum habt ihr ihn nicht eingeladen, mit uns zu spielen?»

«Warum hast du es denn nicht getan?», erwiderte Supeali und kicherte. Sie selbst hätte nicht einmal im Traum daran gedacht, so etwas zu wagen.

«Ganz richtig, warum hast du es nicht getan?», stichelte auch Salumo. Dabei grinste er, und da fingen sie schließlich alle an zu lachen.

«Nun ist es sowieso zu spät», sagte Angmak. Sie verzog den Mund zu einem breiten Lachen und zeigte ihre ebenmäßigen weißen Zähne.

«Ach was!», rief Supeali. «Gehen wir und …», sie hielt plötzlich inne, denn sie sah einen schwarzen Kopf aus dem neuen Iglu herausgucken und merkte, dass sie beobachtet wurden.

Jetzt grinsten die drei Freunde einladend hinüber, und der fremde Junge kam langsam heraus und stellte sich zu ihnen.

«Was sollen wir spielen?», fing Angmak an.

«Atschuk (Ich weiß nicht)!», antwortete der Junge.

«Wollen wir einen Wettlauf machen?», fragte Salumo.

«Atschuk!», erwiderte der Junge abermals.

«Wollen wir auf dem Eis schleifen?», schlug Supeali schüchtern vor.

«Atschuk!», wiederholte der Junge.

Die Mädchen schauten ihn von oben bis unten an. Das war mal ein dummer Junge, der nicht wusste, was er wollte! Schon vorher hatte er sich nicht zu ihnen gesellt! Und warum machte er auch jetzt keinen Wettlauf mit ihnen, warum wollte er nicht mit ihnen auf dem Eis schleifen!

Da sagte der fremde Junge: «Wir haben einen langen Weg hinter uns. Zwei Tage waren wir in dem schrecklichen Sturm draußen. Wir durften nicht anhalten. Wir mussten immer weiter. Der arme Ittuk glaubte schon, er müsste im Treibschnee umkommen. Wir schleppten uns vor den Hunden hin, denn sonst hätten sie den Schlitten nicht mehr weitergezogen. Erst heute hat der Wind den Schnee so zusammengebacken, dass wir bis hierher fahren konnten. Wenn ich jetzt einen Wettlauf mit euch mache, werdet ihr gewinnen, denn Ittuk kann sich vor Müdigkeit kaum mehr auf den Beinen halten. Morgen, wenn meine Beine ausgeschlafen haben, laufe ich gerne mit euch.»

«Dann gehen wir jetzt in mein Iglu», schlug Salumo vor und schob den Schneeblock beiseite, der den niedrigen Eingang verschloss. Salumo kroch in das Schneehaus und die andern folgten.

In der hinteren Hälfte des Iglus war der Boden etwas höher als in der vorderen und mit vielen weichen Fellen bedeckt. Dieser Teil diente am Tage zum Wohnen, in der Nacht zum Schlafen. Hier saß Salumos Mutter, die alte Umialik, mit gekreuzten Beinen und nähte beim Schein eines brennenden Moosdochtes, der in einer kleinen Steinlampe steckte. Umialik war nicht Salumos richtige Mutter, aber sie hatte vom Tag seiner Geburt an für ihn gesorgt und liebte ihn wie einen eigenen Sohn. Als die ganze Gesellschaft hereinkam, schaute sie mit leisem Lächeln auf, arbeitete jedoch ruhig weiter.

«Ittuk ist genauso groß wie Salumo», bemerkte Supeali schüchtern. Sofort stellten sich die beiden Jungen mit dem Rücken gegeneinander, um sich zu messen. Sie lachten, als sie herausgefunden hatten, dass sie wirklich gleich groß waren. Beide Jungen hatten eine Ponyfrisur wie die Männer, die das Haar über den Ohren lang trugen, um sich im Winter vor Erfrierungen zu schützen.

Angmak und Supeali trugen ihr Haar in Zöpfen, geradeso wie die Frauen. Ihre Beine steckten ebenfalls in Hosen, aber im Gegensatz zu den Jungen waren ihre Kleider mit Perlen schön verziert. Denn in der Kunst der Perlstickerei waren sie sehr geschickt. Lange Stunden hatten sie verbracht, um schwierige Muster zu entwerfen, und trotzdem standen sie den Jungen auf der Jagd und beim Bau von Schneehäusern nicht nach.

Angmak und Supeali waren Salumos beste Freundinnen. Sie waren immer beisammen, wenn ihre Familien am gleichen Platz kampierten. Dass Salumo ein Junge und sie Mädchen waren, tat ihrer Freundschaft keinen Abbruch. Zusammen gingen sie auf die Jagd und arbeiteten und spielten immer gern miteinander. Nun aber waren alle drei begierig, den neuen Jungen auf die Probe zu stellen. Er war doch aus einer Gegend gekommen, in der sie noch nie gewesen waren. Sie waren daher ungeduldig, sobald wie möglich zu erfahren, was er alles wusste und ob er klug und geschickt war.

Salumo zeigte seinen neuen Speer, an dessen Spitze eine lange Leine befestigt war. Er war sehr stolz darauf, denn Angmaks Vater Tuklavik, der große Jäger, hatte ihn eigens für ihn angefertigt.

Ittuk hielt ihn prüfend in der Hand und bewunderte ihn, dann sagte er: «Es ist wirklich ein guter Wurfspieß und auch eine gute Leine. Ich werde euch morgen meine Hundepeitsche zeigen. Mein Vater hat sie aus dem Fell eines Seehundes gemacht, den ich erlegt habe. Sie ist sehr lang. Ich habe meinem Vater beim Flechten des Handgriffs geholfen.»

So plauderten die Kinder weiter, bis sie sahen, wie Umialik ihre Näharbeit weglegte. Da wussten sie, dass sie zu ihren Schneehäusern zurückkehren mussten: die Schlafenszeit war gekommen.

Als Salumo am nächsten Morgen seine beiden Freundinnen traf, sagte Angmak: «Heute wollen wir Ittuk auf die Probe stellen, er soll mit uns ein Wettrennen machen.»

«Ich bin neugierig, wie schnell er laufen kann», sagte Supeali.

«Ich schlage ihn bestimmt», prahlte Salumo.

Bevor die Kinder aber an Spiele denken konnten, gab es noch verschiedene Arbeiten zu verrichten. Da mussten zum Beispiel Felle im Schnee sauber getrampelt, Eis für frisches Wasser musste abgehauen und herbeigeschafft werden, damit Trinkwasser in dem Topf war, der über der Steinlampe hing, und die Stiefel mussten mit Fett eingerieben werden. Aber schließlich waren sie mit allem fertig und suchten Ittuk auf.

«Jetzt sind meine Beine ausgeschlafen», sagte er, «und ich bin zu einem Wettlauf bereit.»

Ein großer Felsen, der in der Ferne aus dem Schnee herausragte, wurde als Ziel bestimmt. Der Lauf ging also über eine ziemlich lange Strecke. Sogleich stellten sie sich in einer Linie auf und machten sich zum Start fertig. Angmak gab das Zeichen: «U-ischt!», und fort waren die vier. Supeali und Angmak fielen bald aus, sie hatten sogar mehr Spaß daran, die beiden Jungen laufen zu sehen als selbst zu laufen. Salumo war in guter Stimmung, besonders auch deshalb, weil er das Gefühl hatte, auf jeden Fall schneller als Ittuk zu sein. Er war ja der Sohn der Umialik, und die sagte doch immer von ihm, dass sein Fuß schneller sei als der des Karibu, des Rentieres.

Die beiden flogen nur so nebeneinander über den harten Schnee und liefen unter Einsatz ihrer ganzen Kraft. Das Bewusstsein, dass Angmak und Supeali ihm nachschauten, spornte Salumo zu noch größerer Schnelligkeit an. Ich will ihnen zeigen, dachte er, dass ich der schnellste Läufer bin. Und so stürmten die Jungen auf den großen Felsen zu, beide zum Sieg entschlossen.

Sie waren so nahe nebeneinander, dass Ittuk während des Laufens Salumo mit dem Ellenbogen in die Seite stieß. Dadurch fiel dieser ein paar Schritte zurück und Ittuk konnte nun Boden gewinnen. Salumo versuchte zwar, ihn wieder einzuholen, aber er hatte bereits seine höchste Geschwindigkeit erreicht und konnte nicht mehr schneller laufen. So kam es, dass Ittuk als Erster den Felsen erreichte und ihn mit dem Fuß berührte – er war Sieger!

Sofort trat ihm Salumo in den Weg. «Das hast du absichtlich gemacht!», keuchte er mit vor Zorn funkelnden Augen und stampfte dabei wütend mit den Füßen auf den harten Schnee. «Du hast mich absichtlich behindert, damit ich an Boden verliere und du gewinnst. Das war kein ehrliches Spiel, du bist ein Betrüger!»

«Das ist nicht wahr!», beteuerte Ittuk, der über diese Anschuldigungen sehr erstaunt war. «Ich habe es bestimmt nicht absichtlich getan. Ich rannte, was ich konnte, und habe dabei natürlich mit meinen Armen um mich geschlagen. Aber ich dachte überhaupt nicht daran, dich zu behindern.»

«Du hast es absichtlich getan! Nie mehr werde ich wieder mit dir spielen! In meinem ganzen Leben nicht! Du hast mich betrogen, gemein betrogen!»

So außer sich war Salumo, dass er nicht einmal bei den beiden Mädchen stehen blieb: hoch erhobenen Hauptes stampfte er an ihnen vorbei. In seinem Gesicht zuckte es vor Ärger. So wütend war er in seinem ganzen Leben noch nicht gewesen. Sein Stolz war zutiefst verletzt. Der neue Junge hatte ihn nicht nur betrogen, er hatte durch diesen Betrug auch noch gewonnen. Salumo war fest davon überzeugt, dass er nur deshalb nicht Sieger geworden war, weil Ittuk ihn gestoßen hatte.

Umialik schaute von der Arbeit auf, als Salumo in das Schneehaus hereinkam. Auf den ersten Blick bemerkte sie sein verzerrtes Gesicht und seine zornsprühenden Augen. Salumo erzählte aber kein Sterbenswörtchen von dem, was vorgefallen war, und blieb den ganzen Tag über ungewöhnlich still. Während der Nacht wachte er ein paar Mal auf, und dann dachte er an Ittuk. Und jedes Mal stieg in ihm von neuem der helle Zorn hoch.

Am nächsten Tag war Salumo früh auf den Beinen und zog sich schnell an. Er war noch in seinem Schneehaus, als Ittuk den Kopf hereinsteckte und hereinkam. «Salumo, wollen wir nicht ein wenig schleifen gehen? Der Schnee ist hart und das Wetter ist schön. Los, mach schnell!»

Salumo würdigte ihn aber keines Blickes und drehte ihm den Rücken zu. «Ich will überhaupt nicht mehr mit dir spielen, nie mehr! Ich will dich gar nicht mehr sehen! Du hast mich betrogen!»

«Nein, Salumo, ganz bestimmt nicht», antwortete Ittuk verletzt.

«Doch, du hast mich betrogen, das hast du.»

Umialik, die der Auseinandersetzung zugehört hatte, aber nicht wusste, worum es ging, mischte sich nun ein. «Ich weiß nicht, wovon du sprichst, Salumo. Jedenfalls kann sich die Geschichte mit Ittuk noch nicht heute zugetragen haben, du warst ja noch gar nicht draußen.»

«Es ist auch nicht von heute», erwiderte Salumo trotzig.

Dann trat eine Stille ein, die so lange dauerte, dass Salumo unruhig wurde. Er glaubte, Umialik würde ihn ausschelten. Warum fing sie denn nicht an? Schließlich schaute Salumo sie an, um zu sehen, warum sie so hartnäckig schwieg. Da bemerkte er, dass Umialik ihn betrachtete, so als ob sie ihn zum ersten Mal sähe. Es war ein Blick, aus dem Sorge und Tadel sprachen. Umialik war ungewöhnlich ernst.

Als sie bemerkte, dass sich Salumo unter ihren Blicken wand, sprach sie ernst: «Salumo, wenn du ein Stück faules, übel riechendes Fleisch hättest, würdest du es auf gutes und frisches legen, von dem wir täglich essen? Würdest du das tun, Salumo?»

Salumo antwortete schnell: «Nein, ich würde faules Fleisch nicht auf gutes legen.»

«Siehst du, du würdest das also nicht tun, denn du weißt, dass faules Fleisch das gute verderben würde. Aber das, was du vom gestrigen Tag in den heutigen herübernehmen willst, ist geradeso faules Fleisch. Du solltest es wegwerfen. Du erinnerst dich an etwas, das sich zugetragen hat, bevor du schlafen gingst. Was immer du auch gestern getan hast, geh jetzt in den neuen Tag hinein und versuche es besser zu machen! Vielleicht bist du müde gewesen. Heute Nacht hast du ordentlich geschlafen und heute ist jedenfalls ein neuer Tag. Los, nimm deine Fäustlinge und mach mit Ittuk, der auf dich wartet, ein Spiel!»

Salumo zog seine Pelzhandschuhe an und verließ schweigend das Haus. Beide Jungen hatten den gleichen Gedanken und gingen an die Stelle, von der aus sie am Tage vorher zu laufen angefangen hatten. Ohne ein Wort zu verlieren, stürmten sie los. Seite an Seite sausten sie über den krustigen Schnee auf ihr Ziel, den Felsen, zu und immer schneller schossen sie dahin.

Salumo achtete dieses Mal darauf, in genügend großem Abstand von Ittuk zu laufen. Es war eine lange Strecke. Manchmal war Salumo ein wenig voraus. Dann machte Ittuk einen Anlauf und holte ihn wieder ein. Bis zum Äußersten strengten sie sich an. Salumo war überzeugt, dass er Ittuk den Betrug vom Tage vorher nachweisen könne und er der bessere Läufer sei. Der Wind blies ihnen die Haare aus den Gesichtern, und keuchend kämpften sie sich weiter.

Sie waren dem Ziel schon ziemlich nahe gekommen, als Ittuk zum Endspurt ansetzte. Auch Salumo setzte seine letzten Kräfte ein, aber Ittuk gelang es, den Felsen zuerst mit dem Fuß zu berühren und wurde so zum zweiten Male Sieger. Salumo berührte das Gestein eine Sekunde später. Dieses Mal gab es keinen Streit, Ittuk hatte klar und eindeutig gesiegt. Salumo schämte sich, als er daran dachte, wie hässlich es von ihm gewesen war, Ittuk einen Betrüger zu nennen, und dass er auch noch während der ganzen Nacht, als er in seinem Schlafsack lag, seine böse Meinung eigensinnig beibehalten hatte.

Ittuk war aber Salumo gar nicht böse. Da er das einzige Kind seiner Eltern war, freute er sich, einen Spielgefährten gefunden zu haben. Er war auch deshalb glücklich, weil er das Gefühl hatte, Achtung und Zuneigung bei seinen neuen Freunden gewonnen zu haben. Wegen seiner Schnelligkeit würde man ihn achten – hatte doch jeder Eskimo den Wunsch, ein guter Läufer zu sein –, und nun würde er als ihr schnellster Läufer Anerkennung finden.

Als daher Salumo zu ihm sagte: «Komm in mein Schneehaus, Ittuk, wir holen uns ein paar Felle und fahren vom Berg hinunter», da freute er sich aufrichtig. Er wusste, dass alle Missverständnisse ausgeräumt und sie von nun an Freunde waren.

Salumo wird ordentlich geschüttelt

Außer Ittuks Eltern hatten sich noch drei Familien am Rande des gefrorenen Sees niedergelassen. Alle waren sie gekommen, um zu fischen. Man schlug Löcher in das dicke Eis und lag den ganzen Tag, den Speer in der Hand, davor und wartete darauf, dass sich Forellen zeigen würden. Aber das Glück hatte sie offenbar im Stich gelassen, denn seit zwei Tagen hatten sie fast nichts gefangen, und nun mussten sie mit dem Futter für die Hunde und mit ihrer eigenen Nahrung sparsam umgehen.

Am nächsten Morgen, als Salumo sein Iglu verließ, bemerkte er, dass während der Nacht ein weiteres Schneehaus entstanden war. Noch mehr Leute waren also hierher gekommen. Er hätte zu gerne gewusst, wer sie waren. Vielleicht alte Freunde?

Umialik war bereits zum Fischen gegangen, aber Salumo war zurückgeblieben, denn er wusste nicht recht, was er tun sollte. Den ganzen vorhergehenden Tag hatte er gefischt und nichts gefangen. Vielleicht war es heute besser, nach Wildspuren Ausschau zu halten.

Als Angmaks Vater, Tuklavik, auf dem Weg zum See an ihm vorbeiging, sah er ihn am Eingang der Schneehütte stehen und rief ihm zu: «Willst du mir nicht helfen?»

Salumo mochte Tuklavik gerne, und es freute ihn, dass dieser starke und freundliche Mann, der beste Jäger im Land, ihn um seine Hilfe bat. «Ja», antwortete er daher bereitwillig, «ich komme gleich.» Er zog sich die Fäustlinge an, schob den Schneeblock in den Eingang der Hütte und entfernte sich mit Tuklavik.

«In diesem See gibt es wirklich Fische», sagte Tuklavik, «aber wir haben nun einmal jetzt kein Glück. Ich möchte es am anderen Ende des Sees probieren und schauen, ob es da welche gibt.» Nach einer Pause fügte er hinzu: «Wir werden uns nicht satt essen können, wenn wir heute keine Fische fangen.»

Es war ein grauer Tag wie alle Wintertage, wenn sich die Sonne nicht über den Horizont hob, und der Himmel war mit Wolken verhangen. Aber um sie herum, da glitzerte und gleißte es vor lauter weißem Schnee. Nur hier und da ragten einige dunkle Felsen aus dem Schnee hervor, und ein Stückchen der vom Wind kahl gefegten Eisfläche des Sees schimmerte bläulich und hell.

Die Luft war schneidend kalt, und Salumo holte tief Atem, als er schnell neben Tuklavik zum See hinüberwanderte. Dort war der Schnee, der vom Felsen heruntergeweht worden war, in hohen Schichten auf dem Eis aufgetürmt. Tuklavik machte sich sofort an die Arbeit. Er hackte in den festen Schnee und warf große Stücke heraus. Dann schlug er durch die Schneeschichten Stufen nach dem Eis zu, wo er sein Loch zum Fischen machen wollte.

Nach einiger Zeit schaute sein Kopf nicht mehr über den Schnee heraus. Salumo konnte ihm noch nicht helfen, und so sprang er oben auf dem festen Schnee herum und versuchte sich warm zu halten. Als Tuklavik schließlich das Eis erreicht hatte und zu hacken begann, rief er ihm zu, er solle den Eimer aus Seehundleder herablassen. Salumo ließ ihn sofort an einer Leine hinunter. Kaum hatte Tuklavik den Eimer mit Eis und Schnee gefüllt, zog Salumo ihn hoch, leerte ihn aus und ließ ihn wieder hinab. Eine ganze Weile hatte er so eine Beschäftigung, die ihn wärmte. Dann stieß Tuklavik auf das härtere Eis und brauchte daher länger, bis er «Zieh hoch!» rufen konnte.

Salumo wurde es langweilig, auf den Anruf zu warten. Es war wirklich nicht sehr unterhaltend. Schließlich ging er an den Rand des freigeschaufelten Ganges und schaute hinab. Da sah er Tuklavik mit vorgebeugtem Kopf, wie er das Eis aufhackte. Salumo trat noch näher an den Rand und stieß dabei zufällig an ein Stückchen losen Eises. Das fiel Tuklavik auf den Kopf und rutschte ihm den Nacken hinunter. Tuklavik war zu beschäftigt, um sich stören zu lassen. Er schaute nicht einmal auf und sagte nur:

«Geh vom Rand weg!»

Salumo gehorchte und stampfte wieder umher, schlug mit den Armen um sich und scharrte mit den Füßen, um sich warm zu halten. Nach einer Weile trat er wieder an den Rand und schaute hinab. Einen Augenblick zögerte er, dann drehte er die Zehen in seinen weichen Fellschuhen am Boden hin und her, so dass weitere Eisstückchen Tuklavik auf den Nacken fielen.

Dieses Mal hörte der Mann zu arbeiten auf, stützte sich auf den Speer und sagte in sehr bestimmtem Ton: «Geh vom Rand weg, sonst fallen mir fortwährend Eisbrocken ins Genick!»

Als Salumo der Aufforderung nicht nachkam, fuhr Tuklavik strenger fort: «Wenn du nicht gehorchst, komme ich hinauf, dann aber gibt es was!» Er holte sich die Eisstückchen aus dem Jackenkragen heraus und arbeitete schweigend weiter.

Während er sprach, war jede Spur von Freundlichkeit aus dem Gesicht gewichen. In seiner Miene lag indessen etwas, das Salumo schrecklich reizte. «Ich glaube nicht, dass er mich wirklich schütteln will», sagte er sich im Stillen. «Er und Umialik sind gute Freunde, und schließlich bin ich ja nicht sein Sohn.»

Nun gab es wieder Eisbrocken heraufzuziehen und so war Salumo eine Weile beschäftigt. Dann hatte er wieder nichts zu tun. Er spazierte auf dem Rand hin und her und schaute schließlich zu Tuklavik hinab. Da sah er ihn, wie er sich tief bückte und mit großer Mühe das Fischloch herausschlug.

Was wird er wohl tun, wenn ich wieder Eis hinunterwerfe?, dachte er spitzbübisch. Dann bemerkte er, dass seine Zehen sich wieder wie von selbst auf dem Eis hin- und herbewegten und Eisstückchen auf Tuklaviks Kopf fielen.

Salumo sah, wie der Mann ganz gemächlich seinen Spieß hinlegte und dann langsam die Stufen heraufkam. Er sagte zwar kein Wort, aber Salumo konnte es ihm sofort am Gesicht ablesen, dass er zornig war.

Da fing Salumo zu laufen an, so schnell er konnte, um die Schneehäuser zu erreichen, die am anderen Ende des Sees lagen und in der Ferne recht klein aussahen. Tuklavik folgte ihm mit gleichmäßigen, nicht zu schnellen Schritten. Er strengte sich nicht besonders an, denn er wusste, dass Salumo dieses Tempo nicht lange durchhalten konnte, während er auf lange Zeit so zu laufen vermochte. Zwei- oder dreimal drehte sich Salumo um und rief: «Ich will es nicht wieder tun!»

Aber Tuklavik gab ihm keine Antwort, er rannte nur fortwährend hinter ihm her. Kein Lächeln war auf seinem Gesicht zu sehen, bitterböse schaute er drein. Salumo dachte daran, dass Umialik oft zu ihm gesagt hatte: «Wenn ein Eskimo etwas sagt, dann gilt jedes Wort.» Und das traf besonders auf Tuklavik zu. Tuklavik hatte ihn gewarnt, und er hatte zu ihm gesagt, dass er ihn bestrafen werde, wenn es nochmals vorkäme. Nun war Tuklavik hinter ihm her und würde ihn so furchtbar schütteln, dass er sein ganzes Leben lang daran denken müsste.

Salumo rannte weiter, bis er zu den Iglus kam. Er kroch aber nicht in sein eigenes. Denn Umialik war vielleicht da, und dann wollte sie wissen, warum Tuklavik hinter ihm her war. Abgesehen davon, dass Tuklavik ihn erwischt hätte, bevor er in den Eingang hineinschlüpfen konnte. Es blieb ihm nichts anderes übrig, als immer und immer um sein Iglu herumzurennen. Schließlich lief er zu dem nächstgelegenen Schneehaus hinüber und sauste auch um dieses einige Male herum. Dann grub er plötzlich seine Füße in einen Spalt zwischen den Schneeblöcken, kletterte auf das Dach und glitt auf der anderen Seite hinab, gerade als Tuklavik ihn an den Füßen packen wollte. Dieses Haus war bereits vor einigen Tagen gebaut worden, und so waren die Schneeblöcke fest zusammengefroren und hielten leicht sein Gewicht aus.

Und weiter ging die wilde Jagd um die Schneehäuser herum. Tuklavik gewann sichtlich an Boden, und Salumo erkannte, dass er bald erwischt werden würde, wenn ihm nicht ein guter Einfall zu Hilfe käme. In diesem Augenblick bemerkte er das Schneehaus, das erst am Morgen gebaut worden war. Bis dorthin war es nur eine kleine Entfernung, und wenn sein Plan gelang, hatte er Aussicht, wieder mehr Abstand zwischen sich und den zornigen Mann zu bringen, der hinter ihm herlief. Keuchend erreichte er das Haus und Tuklavik knapp hinter ihm.

Wieder grub er die Zehen in die Schneeblöcke und versuchte hinaufzuklettern. Da das Haus neu war, war der Schnee noch ziemlich weich. Wird es mein Gewicht aushalten?, fragte sich Salumo schnell; aber für ihn gab es kein Zaudern mehr. So kletterte er denn auf das Dach hinauf. Da stand er einen Augenblick und überlegte, auf welcher Seite er hinuntergleiten sollte, denn er wollte nicht geradewegs in Tuklaviks Arme stürzen. Deshalb wartete er, um zu sehen, von welcher Seite her Tuklavik ihn zu greifen versuchte.

Tuklavik keuchte heran, als Salumo gerade im Begriff war, auf der anderen Seite hinunterzurutschen. Da gab der Schnee unter ihm nach, er brach durch die Decke des Iglus und riss eine Lawine losen Schnees und zerbrochener Schneeblöcke mit sich. Salumo landete auf dem Rücken inmitten einer Familie, die sich gerade bequem auf der fellbedeckten Schlafstätte niedergelassen hatte. Der Mann schrie auf, die Frau kreischte und die Kinder begannen zu weinen. Nachdem sich Salumo vom Schnee freigestrampelt hatte, stand er auf und

schaute um sich. Ei da, das war ja Ikkerras Haus, in das er hineingefallen war! Da war ja seine Frau und das waren seine Kinder und da war der kleine spaßige, alte Ikkerra selbst, der mit seinen Säbelbeinen dastand und zu der klaffenden Öffnung in seinem Dach hinaufsah.

«Du bist's, Salumo!», rief er ganz erstaunt.

Ikkerra war ein alter Freund von Salumos Familie, aber jetzt schaute er doch recht verdrießlich drein und brummte: «Was hast du denn auf dem Dach meines Hauses verloren?» In diesem Augenblick sah Salumo seinen Verfolger Tuklavik, der durch den Eingang hereinschaute und abwartete, was nun mit dem Jungen geschehen würde. Jetzt war jede Fluchtmöglichkeit vereitelt, da Tuklavik auf der einen Seite und Ikkerra auf der anderen stand.

«Wie bist du denn auf mein Dach gekommen?», fragte Ikkerra noch einmal, packte ihn bei der Schulter und schüttelte ihn.

«I-i-ich w-w-weiß es auch nicht», stotterte Salumo und atmete schwer.

«Ich möchte wissen, was du da oben verloren hast?», beharrte Ikkerra und gab ihm einen Puff.

Salumo deutete nun auf Tuklavik. «Ich bin vor ihm davongelaufen.»

«Warum hat er dich denn verfolgt?», forschte Ikkerra weiter.

«Wir schlugen Fischlöcher am Ende des Sees», erklärte Salumo. «Ich stieß einige Eisbröckchen über den Rand, die ihm auf den Kopf fielen. Dann sagte er, er würde mich schütteln. Ich kletterte auf das Dach deines Hauses, um ihm zu entkommen. Dein Dach gab nach, und so bin ich hier.»

«Sagte Tuklavik, dass er dich schütteln würde?», fragte Ikkerra und hielt ihn dabei an der Schulter fest.

Salumo nickte.

«Nun, dann werde ich das besorgen!», rief Ikkerra.

Salumo schaute zu Tuklavik hinüber, der am Eingang zusammengekauert saß, sozusagen zwischen Tür und Angel, und bemerkte, wie über das verwitterte Gesicht ein leises Lächeln huschte.

Salumo kniete noch immer auf der Schlafstätte, auf die er gefallen war, als Ikkerra ihn fest mit seinen eisenharten Händen packte und unsanft auf sein Hinterteil setzte. Vorwärts, rückwärts und seitwärts schüttelte er ihn, dann riss er ihn hoch und stieß ihn sofort wieder auf den harten Schneeboden, bis Salumo das Gefühl hatte, als sollten ihm alle Zähne aus dem Mund fallen. Ikkerra schüttelte ihn so lange, dass ihm Hören und Sehen verging und sich alles um ihn herum drehte. Das Schneehaus schien voll Ikkerras zu sein. Schütteln ist nämlich die einzige Strafe, die ein Eskimokind kennt. Aber in seinem ganzen Leben war Salumo noch nicht so geschüttelt worden wie dieses Mal.

Eine Weile saß er da und schnaufte und keuchte. Dann, als er wieder zu Atem gekommen war, rief ihn Tuklavik zu sich, und sie kehrten beide ganz friedlich zu ihrem Fischloch zurück.

Von da an war Salumo ruhig und folgsam, und gerne half er nun Tuklavik bei der Arbeit.

Als es dämmerte, sagte Tuklavik zu ihm: «Es ist Zeit für uns heimzugehen. Wir haben ein paar Fische gefangen, aber sie reichen nicht aus, um uns alle zu sättigen. Bald müssen wir weiterziehen.»

Sie sammelten die erbeuteten Fische und die Fanggeräte und machten sich auf den Heimweg. Ein Sturm war im Anzug, und der Wind blies bereits heftig. Treibschnee erfüllte die Luft und fegte in dichten Wolken über das Eis. Eine böse Nacht stand bevor. Sie konnten die Schneehütten am anderen Ende des Sees nicht mehr sehen, nur das ferne Gekläff der hungrigen Hunde klang herüber.

Eine Zeitlang stapfte Tuklavik schweigend dahin und hielt

sich den Arm schützend vor das Gesicht. Von Zeit zu Zeit schaute Salumo zu ihm auf, dann fragte er sich, warum sich Tuklaviks Lippen bewegten und warum er mit den Augen zwinkerte. Plötzlich lachte er leise und sagte mit seiner tiefen Stimme: «Der hat dich aber geschüttelt! Ich hätte es auch nicht besser fertig gebracht.»

Kinder des Schneesturms

Als Salumo nach Hause kam, aß er etwas Fisch, zog trockene Stiefel an und suchte Ittuk auf, um vor dem Schlafengehen mit ihm noch etwas zu unternehmen.

Ittuks Mutter saß still auf ihrem Platz und nähte. Angmak und Supeali standen am Hauseingang und berichteten Salumo sofort: «Ittuk ist mit Suatsuak, seinem Vater, fortgegangen. Wir haben um die beiden Angst, weil das Schneetreiben wieder eingesetzt hat und man fürchtet, dass es noch schlimmer wird.»

«Wohin sind sie denn gefahren?», fragte Salumo.

«Ikkerra ist heute früh gekommen und hat uns Nachricht gebracht, dass er Leute angetroffen habe, die Hunger leiden. Alle Hunde sind ihnen bereits eingegangen.»

Angmak blieb der Atem weg, als sie diese Neuigkeiten erzählte.

«Ikkerra konnte sie nicht mitnehmen, weil sein Kómotik zu klein war und nur seine Familie darauf Platz hatte», fügte Supeali verängstigt hinzu. «Auch hatte er keine Nahrungsmittel mehr bei sich. Deshalb ist Suatsuak aufgebrochen, um ihnen etwas Essen zu bringen und sie zu holen.»

«Aber draußen tobt ein heftiges Schneegestöber, der furchtbare Wind nahm uns fast den Atem, als wir vom See heraufstiegen», meinte Salumo. Wenn er an Ittuk dachte, der sich durch dieses schreckliche Schneetreiben kämpfen musste, dann fühlte er, wie ihn die Sorge um den Freund quälte.

Als Salumo zu seinem Schneehaus zurückgekehrt war, fand sich auch Umialik ein, die gerade vom Fischen gekommen war und nun draußen mit Tuklavik und Ikkerra und einigen anderen plauderte. Über ihren geschützt stehenden Iglus konnten sie die dahinziehenden Sturm- und Schneeböen treiben sehen. Umialik machte eine besorgte Miene, als sie hörte, dass sich Suatsuak bei diesem Wetter auf den Weg gemacht hatte, und blickte auf die unheimlich drohenden Sturmwolken, die noch schlechteres Wetter ankündigten. Sie horchten in der schnell hereinbrechenden Nacht auf das Gebrüll des Sturmes. Dann sprach Ikkerra: «Suatsuak muss die große offene Ebene überqueren, ich hoffe, er kehrt um, ehe es zu spät ist.»

«Ami-lang!», antwortete Umialik. «Es ist schrecklich, in dieser Nacht draußen zu sein, und immer wilder fängt der Sturm zu wüten an. Suatsuak ist zwar zäh und ausdauernd, wenn aber der Blizzard losbricht –!»

Während Salumo angenehm in seinem Schlafsack schlummerte, kämpften sich Ittuk und sein Vater unter den größten Anstrengungen durch den schrecklichsten Sturm des ganzen Winters. War es zuerst nur ein mäßiges Schneetreiben gewesen, so steigerte sich das Unwetter bald zu einem Blizzard, der einem mit Schnee und Kälte die Augen blendete. Suatsuak dachte einen Augenblick daran umzukehren, aber Ikkerra hatte gesagt, dass sich die Familie ohne Nahrungsmittel in schlimmer Lage befand. Und dieser Orkan konnte ja noch tagelang über das Land stürmen. Kam nicht bald Hilfe, dann würde die ganze Familie zugrunde gehen müssen. So kämpften sich die beiden denn weiter, bis es schließlich zu spät war umzukehren.

Sie waren gerade mitten in der großen, weiten Ebene, als der Orkan mit unheimlicher Gewalt losbrach und die beiden mit seiner ganzen Wildheit packte. Der schrecklich heulende Sturm schoss über die endlosen Wüsteneien dahin und wirbelte den auf der Oberfläche liegenden Pulverschnee hoch und immer höher. Nichts war mehr zu sehen. Nur ganz selten, wenn das Schneetreiben einen Augenblick nachließ, konnten sie ihre Hunde vor sich erblicken. Ittuk und sein Vater wurden vom Sturm geschüttelt und wie mit Riemen gepeitscht. Sie hielten sich krampfhaft am Schlitten fest, denn wer auch nur auf eine kurze Sekunde losließ, war verloren. Oft wurde der Schlitten blitzschnell seitwärts abgetrieben und riss die beiden mit, bis die Schlittenkufen gegen Eisklötze prallten und wieder in die Richtung einlenkten. Manchmal wurden auch die Hunde von der Gewalt des Sturmes zurückgeschleudert und kamen erst auf die Beine, wenn der Schlitten sie wieder an den Zugleinen hochriss.

Während sie sich durch die Winternacht kämpften, schimmerte das Nordlicht schwach durch die treibenden Schneemassen und erleichterte den beiden ein wenig den schweren Weg. Schnee hatte sich dick in ihre Kleider gesetzt, ihre Haare waren mit Eis verkrustet. Ittuks Atem ging unregelmäßig. Manchmal kauerte er sich auf dem Schlitten zusammen, aber sofort fühlte er, wie die Kälte ihm bis ins Mark kroch. Er wusste, er durfte seinem Wunsch nach Ruhe und Rast nicht nachgeben. Stille halten bedeutete erfrieren.

Einmal bemerkte Suatsuak einen weißen Fleck auf Ittuks Wange. Schnell nahm er ihn in den Windschutz seines eigenen Körpers und rieb die vom Frost erfasste Stelle so lange vorsichtig mit ein wenig hartem Schnee, bis er sah, dass das Blut wieder durch die Wange strömte. Sprechen konnten sie nicht miteinander. Zu stark waren der atemraubende Wind, das Gebrüll des Sturmes und die beißende Kälte.

Den ganzen nächsten Tag kämpften sie sich durch den Blizzard, und kein Nachlassen des Unwetters war in Aussicht. Um sich selber war Suatsuak nicht bange. Er hatte schon anderen Stürmen getrotzt. Sorge bereiteten ihm die Leute, denen er Rettung bringen wollte. Auch wegen Ittuk machte er sich Gedanken, denn der fing langsam an, so müde und erschöpft zu werden, dass er stumpfsinnig vor sich hindöste, wenn er auf dem Schlitten kauerte. Immer weniger merkte er

die Kälte, und Suatsuak hatte seine Not, ihn zum Gehen oder Laufen zu bewegen. Seine Lippen waren vor Kälte gesprungen und geschwollen. Oft stolperte er, aber er klagte nicht.

Suatsuak machte sich Vorwürfe. War es klug gewesen, Ittuk mitzunehmen? Würde er den Blizzard überleben? Aber schließlich musste er in seinem Leben noch viele solche Schneestürme durchstehen, und nur so konnte er Erfahrung sammeln.

Auch Suatsuak war müde. Er fühlte, wie er alt wurde. Seine Beine waren ihm schwer geworden wie Klötze. Das alles und noch mehr tat der Blizzard dem Menschen an. Er hatte darin Erfahrung genug. Der Orkan wollte sie so lange bestürmen, bis sie unter seinem Eishauch starben. Aber Suatsuak kämpfte verzweifelt, er musste doch die fremden Leute retten! Er musste sie retten und auch seinen Sohn Ittuk!

Er schnalzte mit seiner langen Peitsche und trieb die braven und zähen Hunde mit einem lauten «Iija, Iija» an.

Sie zogen und zerrten, und mit einem Ruck sauste der Schlitten schneller denn je dahin. Sie verstanden den besorgten Ton in der Stimme ihres Freundes und Herrn. Er sagte ihnen in seiner Sprache: «Auf, Mut, Mut!» Und sie schleppten den Schlitten mit neuem Schwung dahin. Auf einmal kamen sie aus dem Sturm in den Windschatten eines Berges. So plötzlich waren der Wechsel und die Erleichterung, dass Suatsuak und Ittuk einander nur anblicken und tief atmen konnten. Die erschöpften Hunde blieben stehen und schüttelten sich, denn die Haare ihres Felles waren ganz mit Eis durchzogen und mit Treibschnee bedeckt.

Nachdem sie kurze Zeit gerastet hatten, zog Suatsuak seinen Stock hervor und begann den Schnee aus den Kleidern zu klopfen. Dann half er Ittuk das Eis aus den Haaren zu reiben.

Ittuk war froh, dem Blizzard entkommen zu sein und sich einige Augenblicke ausruhen zu können, aber er fühlte keine Lust mehr zu sprechen. Eine ungeheure Müdigkeit überkam ihn, aber er durfte noch nicht schlafen. So stellte er sich neben den Schlitten und schöpfte tief Atem.

Suatsuaks Körper straffte sich. Er sagte: «Die Leute müssen hier in der Nähe sein. Ikkerra hat doch berichtet, dass sie sich in der Nähe dieses Berges, unmittelbar am Ufer aufhalten. Wir wollen am See entlangfahren und nach ihnen Ausschau halten.»

Zuerst mussten sie aber noch die Hunde von dem Eis befreien, das an ihren Fellen festgefroren war. Dann machte sich Suatsuak langsam auf den Weg. Hinter ihm folgte Ittuk, der den Schlitten über das unebene Ufereis zu führen hatte. Als sie um einen Felsen bogen, erblickten sie in der kleinen Bucht ein Iglu.

Suatsuak stürzte vorwärts und schrie: «Hallo, hallo!» Als niemand erschien, schob er den Schneeblock am Eingang beiseite und schaute hinein. Nun wurden Rufe der Überraschung laut, die Leute hatten Suatsuaks Schreie nicht gehört.

Ittuk folgte seinem Vater in das Schneehaus. Drinnen war es dunkel und kalt, denn die Familie hatte kein Öl mehr für ihre Steinlampe.

Suatsuak ließ besorgt den Blick über den Mann, die Frau und die beiden Kinder gleiten und sagte dann bewegt: «Wir versuchten, eher zu euch zu kommen, aber wir gerieten in einen furchtbaren Blizzard. Wir sind gekommen, um euch zu holen.»

Die Kinder wimmerten «Kak-pu-nga!» (Ich habe Hunger!) «Kak-pu-nga!»

Als Ittuk sie so jammern hörte, rannte er zum Schlitten hinaus, packte den Sack mit den frischen Forellen, die Haut mit dem Seehundfell für die Lampe und etwas getrockneten Fisch, den seine Mutter beigelegt hatte, und schleppte alles hinein. «Hier hab ich was zu essen!», rief er freudig aus.

Die Frau gab jedem Kind ein Stück getrockneten Fisch. Dann befestigte sie den Docht in der Steinlampe, legte ein

Stück Fett hinein, und mit ein paar geschickten Bewegungen schlug sie an einem Stück Flint Feuer. Bald erleuchtete ein warmer Lichtschein die dunkle Behausung, und die Freude kehrte wieder ein.

«Ami-lang!», sagte nun der Mann. «Wir kommen von weit her, von der anderen Seite des Tsche-ke-ta-luk, wo unsere Sippe seit jeher gelebt hat. Wir trachteten danach, weiter ins Land hineinzukommen, fanden aber keine Karibus. Die Seen hatten keine Fische. Dann gingen unsere Hunde ein, wir hatten kein Futter mehr für sie. Wir machten uns schon zum Sterben bereit, da kam Ikkerra und fand uns. Er konnte uns zwar nicht helfen, weil er selbst keine Nahrungsmittel bei sich hatte. Er fischte am großen See und brachte uns etwas von seinem Fang. Wir sind ihm aber besonders dankbar, dass er euch von uns erzählt hat. Der Eskimo ist gut zu seinem Bruder in Not.»

Ittuk sah den Fremden zu, wie sie heißhungrig aßen. Er und sein Vater verspürten jetzt auch Hunger, denn während sie sich auf Leben und Tod durch den Blizzard vorwärts gekämpft hatten, war es nicht möglich gewesen, auch nur einen Bissen zu sich zu nehmen. Ittuk hatte gar nicht gemerkt, dass er solchen Hunger hatte; erst als er an einem Stück getrockneten Fisch kaute, da merkte er es, und es kam ihm vor, als hätte er in seinem ganzen Leben kein so gutes Pepsi gegessen. Ein Gefühl der Wärme und Zufriedenheit erfüllte ihn, als er sah, wie die beiden Mädchen sich auf die Felle legten und sich zum Schlafen zusammenkauerten. Jedes hielt ein Stück Pepsi fest in der Hand.

Die Mutter, die seinen Blicken gefolgt war, lächelte und meinte: «Sie konnten vor Hunger, der ihnen im Leibe brannte, nicht schlafen.»

Dann ging Suatsuak hinaus, warf einen langen Blick auf das Unwetter, das noch immer weitertobte, koppelte die Hunde los, fütterte sie und brachte zum Schluss die Schlafsäcke herein. «Der Sturm lässt langsam nach», sagte er. «Morgen können wir zum großen See zurück, wo ihr ausruhen und euch erholen könnt. Ami-lang! Es wird morgen ein schöner Reisetag werden.»

Nach einem tiefen und gesunden Schlaf, gesättigt und gestärkt, waren alle bereit, sich auf den Weg zu machen. Sie waren glücklich, als sie sahen, dass der Sturm vorüber war. Der Schnee war hart, und die Fahrt würde ein Vergnügen werden.

Schnell packte die Familie ihr Hab und Gut zusammen. Ihren Schlitten legten sie auf den von Suatsuak, denn sie hatten ja keine Hunde mehr. Da sie ihn jedoch später wieder brauchen würden, durfte er nicht zurückgelassen werden. Die Felldecken und die Schlafsäcke wurden darauf gelegt, und die Mutter und die beiden Mädchen nahmen oben auf der Ladung Platz; sie waren durch den Hunger noch geschwächt und mussten daher den ganzen Weg gefahren werden. Sogar der Mann musste ab und zu aufsitzen. So hatten die Hunde auf der Rückreise eine reichlich schwere Last zu ziehen.

Ittuk war, obgleich er von dem Kampf mit dem Blizzard noch etwas müde war, in guter Stimmung und wollte selbst das Gefährt lenken. Suatsuak lächelte still in sich hinein: so wollte er seinen Sohn sehen! Der Junge hatte dem Sturm standgehalten und hatte nicht gejammert, selbst als er zu unterliegen drohte. Er war stolz auf seinen Sohn.

Die Leute am See liefen zusammen, um die Heimkehrer und die Neuankömmlinge zu begrüßen. Angmak, Supeali und Salumo sprangen aus ihren Häusern, um sie willkommen zu heißen. Laut riefen sie: «Ai! Ai!» und im nächsten Augenblick balgte sich Ittuk auch schon vor lauter Freude mit ihnen.

Als der hoch beladene Schlitten schließlich stillstand, drückte Tuklavik im Namen aller seine Freude über ihre Rückkehr aus. «Wir freuen uns», sagte er, «dass ihr gesund wiedergekommen seid. Als der große Sturm kam, konnten wir nicht mehr ruhig schlafen und waren sehr in Sorge um euch.»

Umialik bemerkte mit Stolz Ittuks Haltung. Ihrem erfahrenen Auge entgingen nicht seine Müdigkeit, seine rissigen und geschwollenen Lippen. Sie wusste, dass der Sturm die beiden hart angefasst hatte, sie aber hatten dem Wüten der Elemente tapfer widerstanden. Jetzt waren sie zu Hause.

Ihre und Suatsuaks Blicke trafen sich, als er sich lächelnd mit der Hand über die Stirn fuhr und nach vollbrachter Arbeit einen tiefen Atemzug der Erleichterung tat.

«Du bist ein guter Mann, Suatsuak», war alles, was sie sagte. Dann wandte sie sich um. Das war ein großes Lob, denn sie war eine Frau, die wenig sprach. Suatsuak empfand ein warmes, freudiges Gefühl für die alte Frau, als sie langsam zu ihrem Schneehaus zurückging und er ihr nachschaute.

Es fanden sich genug Leute, die denen halfen, die sich nicht mehr selbst helfen konnten. Der große Hunger, den sie alle kannten, hatte auch ein gutes Werk getan. Die Fremden wurden erst in Suatsuaks Haus geführt. Dann baute man schnell eine neue Behausung für sie, ihre Decken und Schlafsäcke wurden flink ausgebreitet und ihre Habseligkeiten ins Innere getragen. Die Lampe, deren Docht in reichlich Öl schwamm, brannte hell, als man der Familie in ihr eigenes Haus einziehen half.

Als Umialik ihren Salumo mit fünf Forellen, die sie an diesem Tage übrig hatte, zu den Fremden hinübersandte, und Tuklavik seine Angmak später mit Fischen und Pepsi, da wussten sie, dass sie bei guten Freunden Obdach gefunden hatten.

Zwei Tage später sagte Tuklavik zu Umialik: «Sie brauchen Hunde. Ein Kómotik ist nutzlos, wenn man keine Hunde hat.» Salumo hörte ihn weiter sagen: «Ich gebe ihnen zwei von meinen, ich kann mit sieben für den Rest des Winters auskommen.»

Umialik rauchte nachdenklich ihre Pfeife. «Auch ich will ihnen zwei Hunde geben, dann werden sie wohl mit ihrem Schlitten zurechtkommen.»

Da sprang Salumo auf und rief: «Wir können keinen unserer Hunde weggeben, nicht einen einzigen!»

Umialiks Blicke ruhten gütig auf Salumos empörtem Gesicht. Sie wusste, wie sehr er an jedem Einzelnen von ihnen hing. Auch ihr fiel es schwer, sich von ihnen zu trennen, aber die Fremden brauchten nun einmal Hunde. «Salumo», sagte sie, «wenn wir alle unsere Hunde verloren hätten, müssten auch uns gute Menschen helfen. Ohne Hunde könnten wir keinen Seehund und kein Karibu jagen. Wir wissen, dass diese Leute zu den Hunden gut sein werden, und zwei der unsrigen werden ja auch schon alt. Sie sind aber immer noch gute Zugtiere und werden den Leuten dabei helfen, auf eigenen Füßen zu stehen. Du gehst jetzt und teilst ihnen mit, dass du ihnen zwei Hunde schenkst. Marsch! Los!»

Salumos Empörung hatte sich gelegt. Er ging folgsam hinaus, um die Hunde zu holen. Als Ikkerra hörte, dass man den Fremden vier Hunde schenkte, wollte auch er nicht zurückstehen und gab ihnen eine Hündin. Auf diese Weise hatte die Familie ein kleines, aber tüchtiges Hundegespann, das wohl als Ersatz für das verloren gegangene gelten mochte.

Nach einiger Zeit konnte die fremde Familie wieder jagen und fischen. Als sie dann so viel Forellen gefangen hatte, dass der Vorrat einige Tage ausreichte, beluden sie ihren Schlitten und schirrten die Hunde an. Nachdem man die Kinder zum Abschied umarmt und liebkost hatte, brachen sie auf.

«Ta-va-se! Ta-va-se!» (Lebt wohl, lebt wohl!), riefen ihre Gastgeber ihnen nach, als sie sich auf den Weg machten.

«Ta-va-se! Ta-va-se!», riefen die Fremden, streckten die Arme in die Höhe und winkten, bis man nichts mehr voneinander sah.

Die Leute, die in so elendem Zustand aufgenommen worden waren, kehrten nun ausgeruht und gut ernährt zu ihren eigenen vertrauten Jagdgründen heim. Sie ließen Freunde zurück, die noch oft an sie dachten.

Die «Guten Schatten»

Obgleich Tuklavik in einem anderen Teil des Sees Löcher durch das Eis geschlagen hatte, war der Fischfang auch weiterhin wenig ergiebig. Zu allem Unglück kam noch ein schlimmes Übel: Der Vorrat an Öl ging zur Neige. Ohne Öl konnten aber ihre Lampen nicht brennen, ohne Lampen waren ihre Schneehäuser dunkel und kalt. Es blieb ihnen also nichts anderes übrig, als an die Küste zu fahren und zu versuchen, Seehunde oder Walrosse aufzuspüren.

Die langen Schlitten wurden nun mit allem Hab und Gut beladen, weiche Pelzdecken über die Kleider gelegt, Steinlampen und Töpfe, Wurfspieße und Speere sorgfältig verstaut und zugedeckt und alles so gut verschnürt, dass nichts verloren gehen konnte.

Die Hunde wurden angeschirrt und ihre Zugriemen an den Schlitten befestigt; zuletzt wurden die Iglus eingerissen, damit weder Wölfe noch Füchse darin ihr Lager aufschlagen konnten.

Umialik entschloss sich, mit Tuklavik zu einer Stelle an der Küste zu fahren, wo sich häufig Seehunde am Rande des Eises aufhielten. Supealis Leute und Ittuks Familie wollten ihr Glück an einer anderen Stelle der Küste versuchen. Die erste Strecke der Reise würden sie jedoch zusammen zurücklegen. Nur Ikkerras Familie blieb am großen See zurück.

Den ganzen Tag zogen sie nun schon dahin, liefen neben den Hunden her oder sprangen manchmal zu kurzer Rast auf die Schlitten. Das graue, fahle Licht der Wintertage wich schon der Dämmerung, aber noch immer fuhren sie weiter. Die Nacht war kalt und klar, der Atem gefror einem vor dem

Mund, und während die keuchenden Hunde die Schlitten in scharfem Trab vorwärts zogen, verkrustete sich der Schnee zu Eis.

Schließlich rief Tuklavik seinem Gespann zu: «Aaaah! Aaaah! Aaaah!» Er stemmte sich gegen den in voller Fahrt befindlichen Schlitten, kniete nieder, packte die Verschnürungen und brachte den Schlitten zum Stehen. «So weit wollte Tuklavik heute Nacht kommen», sagte er.

«Ami-lang!», stimmten die anderen bei. «Es ist Zeit zu rasten.» Die Gespanne hielten an, die Hunde wurden abgeschirrt, und bald waren die Schneehäuser gebaut.

Das zauberhafte Nordlicht erfüllte den weiten Himmel mit seinem Schein. Heute schien es besonders nahe zu sein. Es stand ihnen wie ein gelber und flammend roter Vorhang, der sich leise bewegte, zu Häupten. Obwohl sie tüchtig arbeiteten, um ihre Schneehäuser so bald wie möglich zu vollenden, hielten sie doch von Zeit zu Zeit inne, da sie unwillkürlich einen Blick auf das herrliche Naturspiel werfen mussten. Die Eskimos nennen das Nordlicht die «Guten Schatten».

Ittuk, Angmak und Supeali waren zum Spielen aufgelegt. «Wir wollen die ‹Guten Schatten› zittern lassen», sagte Angmak.

«Ja komm, Salumo, spielen wir mit den ‹Guten Schatten›!», forderte Supeali ihn lächelnd auf.

Kein Windhauch war in dieser Nacht zu spüren, das Nordlicht leuchtete wieder ruhig und unbeweglich, und so nahe war es, dass man es fast mit den Händen greifen konnte. Es war eine wunderbare Nacht!

Die Kinder stellten sich im Halbkreis auf und murmelten ganz leise miteinander. «Alle auf einmal, jetzt, los!», rief Angmak. Und alle klatschten kräftig in die Hände. Als sie aufblickten, glaubten sie, das Nordlicht über sich zittern zu sehen.

Danach war Supeali an der Reihe, das Zeichen zu geben.

«Attai!» (Jetzt!), flüsterte sie. Alle klatschten wieder kräftig in die Hände, und dieses Mal schien das Licht sehr stark zu zittern. Wie freuten sich die Kinder darüber!

«Attai!», rief nun Salumo. Wieder klatschten sie in die Hände, und wieder lief danach ein Zittern durch das Nordlicht. In der ungeheuren Stille der Winternacht meinten sie sogar ein leises Rauschen zu hören, das durch den zitternden und flackernden Lichterschein hervorgerufen wurde.

Nun kam Ittuk an die Reihe. Als er sah, wie die drei mit zum Klatschen erhobenen Händen gespannt dastanden, zum Himmel hinaufschauten und atemlos das Signal erwarteten, bekam er Lust, ihnen einen Streich zu spielen. Ohne das Zeichen zu geben, klatschte er allein in die Hände, und wieder zitterte das Licht. Ehe er sich aber umdrehen und weglaufen konnte, warfen sich die andern auf ihn, rieben ihn mit Schnee ein, pufften ihn nach Leibeskräften und lachten zugleich über seinen Streich.

Nun rief man sie alle, damit sie beim Abladen der Schlitten halfen und ihre Habseligkeiten in die fertig gestellten Schneehäuser trugen. Danach fanden sie sich in Umialiks Behausung ein. Hier lagen die Felle schon auf der Schlafstätte ausgebreitet, und von dem frischen Moosdocht der Steinlampe strahlte bereits ein warmer Lichtstrahl aus, ja, hell und gemütlich war es im Schneehaus.

Die Kinder hatten sich hier alle eingefunden, weil sie hofften, Umialik könnte gut gelaunt sein und ihnen vor dem Schlafengehen eine schöne Geschichte erzählen. Sie alle hörten Geschichten doch so gern! War Umialik müde oder zu beschäftigt, dann ließ sie sich nicht stören, und die Kinder gingen ihren Beschäftigungen oder ihren Spielen nach. Heute Nacht aber ließen sie sich nicht so leicht abweisen und trieben sich immer in ihrer Nähe herum. Die kluge alte Frau wusste nur zu gut, warum sie sich bei ihr eingefunden hatten, und blinzelte schalkhaft.

Lange rauchte sie schweigend ihre Pfeife. Die Kinder wussten sehr wohl, dass Drängen bei ihr vergeblich war. Wenn sie ungeduldig waren, konnte es vorkommen, dass sie ihre Absicht, Geschichten zu erzählen, wieder fallen ließ.

«Umialik wird uns heute keine Geschichten erzählen», flüsterte Ittuk.

«Seht! Vielleicht doch! Sie würde nicht so mit leeren Händen dasitzen, wenn sie keine Lust dazu hätte. Umialik ist immer beschäftigt, es sei denn, sie erzählt Geschichten oder schläft», erklärte Salumo.

Schließlich legte Umialik die Pfeife weg und schaute die wartenden Kinder an. Dann begann sie: «Ich erinnere mich, dass unter unserem Volk, als ich noch ein Kind war wie ihr, eine arge Hungersnot herrschte. Die großen Blizzards waren gekommen und hatten den Schnee mit solcher Wucht über das Land geweht, dass niemand mehr jagen konnte. Zwar schickten die ‹Großen Schatten› Nacht für Nacht ihr Licht durch die düsteren und grauen Tage, aber das Wetter änderte sich nicht.

Ich sah, wie unsere Hunde langsam verhungerten. Sie wurden so dünn, dass man ihre Rippen buchstäblich zählen konnte, und ihre Pfoten schienen den Schnee kaum zu berühren, so leicht war ihr Körper.

Eines Tages entdeckte ein Jäger einen Eisbären, der sich am Ufer herumtrieb.»

«Einen großen Nanuk?», fragte Ittuk.

Umialik nickte. «Der Jäger hatte aber nur einen Wurfspieß bei sich, denn es war zu der Zeit, als die Fremden noch nicht über das Wasser gekommen waren und uns mit Gewehren vertraut gemacht hatten. Nur mit Messer und Spieß bewaffnet, gingen die Leute damals auf die Jagd, und so mussten sie nahe an das Tier herankommen, um es erlegen zu können.

Der große Eisbär sah den Jäger und wurde zornig, weil er in seiner Ruhe gestört wurde. Auch er war hungrig, denn für ihn hatte es ebenfalls nichts zu fressen gegeben. Deshalb warf der Bär wütende Blicke auf den Jäger, als ob er sagen wollte: ‹Was treibst du dich hier herum und warum kommst du überhaupt in mein Revier? Ich beiße dich! Grrr!› Darauf ließ der Bär ein dumpfes Knurren hören, das zu einem furchtbaren Gebrüll anschwoll. Den Jäger schauderte es, als er es vernahm.»

«Ach!», flüsterte Supeali und drängte sich näher an Angmak heran.

«Sicher hat ihn der Jäger erlegen können!», sagte Angmak tröstend und legte bei diesen Worten ihren Arm um Supealis Schulter. Umialik schaute auf die vor Spannung glühenden Gesichter der Kinder und erlebte selbst noch einmal die Geschichte vom zornigen Bären.

«Ami-lang!», fuhr sie fort. «Die Kälte war so groß, dass die Augenlider des Jägers mit Eis verkrustet waren. Mit der Hand musste er es erst auftauen. Obwohl er kaum sehen konnte, ging er der Gefahr nicht aus dem Wege, denn er brauchte das Fleisch des Eisbären bitter nötig für sich, für seine Leute und für die Hunde.

So gingen der Bär und der Mensch langsam aufeinander zu. Bedächtig und vorsichtig näherten sie sich einander. Einer behielt den anderen scharf im Auge. Manchmal konnten sie sich in dem Schneegestöber nicht mehr sehen, dann blieben sie stehen und lauschten.

Als die Sicht wieder klarer wurde, bewegte sich der Jäger wieder auf den Bären zu. Plötzlich warf er den Wurfspieß mit seiner ganzen Kraft gegen das Tier. Er hatte genau gezielt, und der Spieß drang dem Bären mitten ins Herz.

Sofort machte sich der Jäger daran, das Fell abzuziehen und das Fleisch zu zerlegen. Wir alle freuten uns, denn der Nanuk gab unseren Körpern wieder Wärme, und unsere Hunde konnten nun auch gefüttert werden. Hätte der Jäger einen Fehlwurf getan oder den Bären nur verwundet, dann wäre es um ihn geschehen gewesen. Das war wahrhaftig ein tapferer Mann.»

Umialik hielt inne und langte nach der Pfeife, aber die Kinder wollten noch mehr hören. «Ami-lang!», sagte sie schließlich nachdenklich. «Ihr hattet heute Nacht eine Gelegenheit, mit den ‹Guten Schatten› zu spielen. Sie sind so nahe und kein Wind stört sie. Da wissen wir Eskimos, dass der ‹Gute Geist› uns nahe ist und uns beschützen will.»

«Woran merkt man denn, wann ein ‹Guter Geist› da ist?», fragte Supeali und schaute furchtsam um sich, ob nicht etwa gar einer neben ihr stehe.

Umialik kicherte: «Ihr wisst, dass manchmal Tuklavik und Suatsuak und alle unsere Männer und Frauen auf eine Nacht wie diese warten. Dann haben wir beobachtet, wo die ‹Guten Schatten› gezittert haben, denn dadurch haben sie uns angezeigt, wo das Karibu zu finden ist. Wir haben das Zittern des Nordlichtes über uns verfolgt, weil es heißt, dass es durch Karibus verursacht wird, wenn sie mit ihren Hufen das trockene Moos aus dem gefrorenen Boden stampfen, denn vom Moos leben sie. Dann pflegten wir sofort die Hunde anzuschirren und schnell in die Richtung zu ziehen, in der wir das Zittern bemerkt hatten. Und dann fanden wir auch die Karibus. In den Tagen, bevor die Eskimos das Gewehr kennen lernten, war es viel schwerer, das Karibu zu jagen, denn ihr wisst ja selbst, wie wild und scheu es ist!»

«Warum nennt man das Nordlicht ‹Gute Schatten›?», wollte nun Ittuk wissen. «Man könnte es ja auch die ‹Bösen Schatten› nennen.»

«An ihnen ist aber nichts Böses, Ittuk. Alles an ihnen ist gut. Sie zeigen uns, wo die Karibus sind, wenn wir Nahrung und Felle brauchen. Sie spenden uns das Licht und machen es uns möglich, zu reisen und zu sehen, wenn in der dunklen Jahreszeit das Tageslicht nicht mehr zu uns dringt. Wir könnten ohne sie nicht leben. Wir wissen, dass ein guter Geist sie in unser Land geschickt hat, um unserem Volk ihr Licht zu schenken. Wir wissen, dass kein Mensch sie geschaffen hat. Auch jene Leute haben sie nicht erschaffen und hierher gebracht, die in den Ländern wohnen, von wo die großen Schiffe herkommen. Deshalb dürfen wir auch nichts tun, was den ‹Guten Geist› erzürnen könnte.»

«Wann erzürnen wir denn den ‹Guten Geist›?», forschte Ittuk weiter, als Umialik eine Pause machte, um ihre Pfeife wieder anzuzünden.

«Der ‹Gute Geist› liebt das Gute», fuhr sie fort, «er will, dass man gut zueinander ist. Nie dürft ihr zum Beispiel ohne Erlaubnis Dinge nehmen, die einem anderen gehören. Ihr sollt so handeln, dass ihr euch nie vor den Leuten schämen müsst. Wenn ihr euch einer Tat schämen müsst, dann begeht sie lieber gar nicht; denn ihr würdet euch nicht zu schämen brauchen, wenn das, was ihr tut, gut wäre. Helft den Leuten in der Not, so wie ihr, dein Vater und du, Ittuk, den Hungernden geholfen habt. Ihr seid in den Blizzard hinausgefahren und habt sie geholt. Wenn ihr etwas besitzt, teilt es mit anderen, zu allen Zeiten und an allen Orten!»

Die Kinder saßen still und schweigend da und dachten über das nach, was Umialik ihnen erzählt hatte. In dem Schneehaus war es mäuschenstill geworden.

Umialik paffte zufrieden ihre Pfeife.

«Was würde denn geschehen, wenn wir Böses tun?», unterbrach schließlich Angmak die Stille.

«Der ‹Gute Geist› würde eine Strafe schicken, vielleicht einen Blizzard, oder er würde in seinem Zorn die Zahl der Tiere vermindern. Und viele Leute müssten leiden, weil ein einziger Mensch böse gewesen ist. Aus diesem Grunde sollte man jeden Tag nur Gutes tun. Wenn wir jeden Tag fleißig sind und die Zeit mit guten Taten ausfüllen, können wir durch böse nie Unheil über unschuldige Menschen bringen oder den Zorn des ‹Guten Geistes› auf unser Land herabziehen.»

Die Geschichten waren zu Ende erzählt, Umialik hatte alles gesagt, was sie in dieser Nacht sagen wollte. Nun rollte sie die Schlafsäcke auf, und die Kinder verließen still das Iglu, um ihre eigenen Iglus aufzusuchen.

Ehe Umialik in ihren Schlafsack schlüpfte, stellte sie sich einen Augenblick vor den Eingang und schaute auf den herrlichen, feuerfarben flammenden Schleier, der sich über den weiten Himmel hinzog. Überall zitterte es, und es strahlte gleichsam mit langen dünnen Nadeln aus blauem Licht auf die Erde herab. Als der aufkommende Nachtwind das Nordlicht bewegte, mischten sich gelbe, federgleiche Gebilde in den rötlichen Schein.

Ami-lang! Du bist immer verschieden und immer wieder anders, dachte sie, aber du bist immer da und spendest Licht und gibst uns die Möglichkeit zu leben.

Ja, die Eskimoleute glauben, dass sie nichts zu fürchten haben, wenn sie nur ein gutes Leben führen. Solange die «Guten Schatten» ihnen zu Häupten leuchten und rauschen, ist alles im Lande in bester Ordnung. Und Umialik wandte sich um und ging in ihre Behausung hinein. Bald lag sie in tiefem Schlaf.

Walrossjagd

Am nächsten Morgen trennten sich die vier Familien: die von Ittuk und Supeali schlugen diese Richtung ein und die von Angmak und Salumo die andere. Die jungen Freunde waren traurig sich trennen zu müssen, aber sie wussten, dass es bei schlechtem Wildstand klüger war, an verschiedenen Stellen zu jagen.

Man kam an diesem Tag schnell vorwärts. Tuklaviks und Umialiks Schlitten sausten nur so über den harten Schnee. Als nun der Tag sich neigte, hatten sie schon ein tüchtiges Stück Weges zurückgelegt und waren nicht mehr fern der Küste. Schon von weitem konnten sie das dunkle Wasser der Meerengen sehen: dort draußen war der Ozean!

Halten sich die Eskimos an der Küste auf, dann kampieren sie nie an den felsigen Ufern, denn dort wären sie den Elementen schutzlos preisgegeben. Deshalb wandten sich auch Umialik und Tuklavik wieder nach dem Inland und bauten im Schutz einer ruhigen Bucht ihre Schneehäuser.

Angmak und Salumo halfen die Hunde abschirren, ihr Hab und Gut von den Schlitten holen und in die neue Behausung tragen. Wie jedes Eskimokind hatten sie schon von frühester Jugend an gelernt, bei allem, was die Erwachsenen gerade taten, anzupacken. Und die Errichtung der neuen Heimstätten verlangte fleißige Hände.

Die Nacht brach herein, und wieder leuchteten die «Guten Schatten» über ihnen. Laut rauschte das Meer, es schlug gegen das Ufereis und fraß sich darunter in die Höhe. «Komm, Salumo!», sagte Angmak, die immer da war, wenn es etwas Neues und Aufregendes gab, «machen wir noch einen kleinen Spaziergang, bevor wir in unsere Schlafsäcke kriechen», und zeigte dabei hinüber zu dem dunklen Wasser.

Sie gingen an der zugefrorenen Bucht entlang bis zum Rand des festen Meereises. Weit draußen schaukelten in der Meerenge große Eisschollen, die durch den starken Wind seewärts getrieben wurden, sie prallten klatschend gegeneinander. Dazwischen trieben ungeheure Eisberge dahin. Als die beiden Kinder so dastanden, fühlten sie, wie sich das zähe Salzwassereis unter ihren Füßen hob und senkte. Das Meer plätscherte fast bis an ihre Füße heran, und der salzige Gischt sprühte ihnen in das Gesicht. Da lachten sie vor Freude. Dann hörten sie durch den Lärm der rauen See die Stimme ihres Vaters, die alles zu übertönen schien, und sie rannten zu ihrer neuen Behausung an der Bucht. Angmaks Vater erwartete sie: «Heute geht die See hoch», warnte er sie, «es ist gefährlich, so nahe am Ufer zu stehen. Das Eis biegt sich zwar, aber es kann auch plötzlich brechen. Dann würdet ihr auf einer Eisscholle ins Meer hinaustreiben. Hoffentlich tummelt sich morgen da draußen ein Walross. Jetzt ist aber Schlafenszeit!»

Tuklavik und Umialik waren schon früh am Morgen auf den Beinen. Noch immer blies der Wind seewärts. Umialik rief Salumo und rüstete sich zur Jagd.

«Heute hoffen wir auf ein Walross zu treffen», bemerkte sie. «Hier müsste es welche geben, das Wasser ist ziemlich eisfrei.»

Jedes Jahr war Umialik um diese Zeit an die Küste gekommen. Die Tsche-ka-tá-luk-Bucht war ein guter Jagdgrund für Seehunde und Walrosse. Denn sie suchen in den schmalen Buchten vor dem Treibeis des offenen Meeres Zuflucht. Als Salumo und Umialik den Eisrand erreichten, trafen sie dort schon Angmak und ihren Vater an. Jeder wählte sich sofort einen geeigneten Platz, dann legten sie ein mitgebrachtes Fell auf das Eis und setzten sich darauf. Sonst war nichts zu tun, man konnte nur warten, Ausschau halten und hoffen, dass

der Kopf eines Walrosses in der Nähe auftauchte. Langsam verging die Zeit. Manchmal standen die Jäger auf und bewegten sich vorsichtig, entweder um sich ein wenig zu erwärmen – denn es wurde einem kalt, wenn man stundenlang ruhig auf dem Eis saß – oder um sich etwas die Füße zu vertreten. Keiner sprach oder machte ein Geräusch.

So verging der ganze Morgen und auch die Mittagszeit. Plötzlich deutete Tuklavik auf das gegenüberliegende Ende der Bucht. Alle richteten ihre Blicke dorthin. Man sah weiße Stoßzähne aufglänzen, als sich ein großes braunes Etwas über die Wasseroberfläche hob und wieder im Schaum der Wogen verschwand. Schnell sprangen sie auf die Füße, rannten am Ufer entlang und verteilten sich am Rande des Eises, weil sie nicht genau wussten, wo das Walross wieder auftauchen würde.

Unversehens streckte es den Kopf aus dem Wasser, ganz in der Nähe des Platzes, wo Umialik mit erhobenem Wurfspeer stand. Schnell und wuchtig schleuderte sie ihn mit sicherer Hand gegen das Tier. Als sich die Spitze in seinen Körper bohrte, brüllte es vor Schmerz laut auf. Sofort schwamm auch Fett auf dem Wasser. Hurtig ließ Umialik die Leine ablaufen, und schon sauste Tuklavik los, um ihr zu helfen. Aber das Walross war ein kluger Bursche. Es tauchte und schwamm in die See hinaus, sodass sich die an dem Wurfspieß befestigte Leine schnell abwickelte und das Tier bald außer Reichweite war, und so konnte Tuklavik seinen wurfbereiten Speer nicht anbringen.

Angmak, Salumo und Tuklavik eilten nun Umialik zu Hilfe, packten die Leine und warfen sich auf das Eis, um einen stärkeren Widerstand leisten zu können. Sie zogen und zerrten, aber das Walross war sehr schwer und entschlossen, sich freizukämpfen. Es tauchte auf und unter, schlug im Wasser umher und versuchte nach der offenen See zu entkommen. Die Jäger wurden dadurch langsam, aber unvermeidlich über das Eis geschleift. Sie stemmten sich zwar keuchend und stöhnend mit ihrer ganzen Kraft dagegen, aber das Walross war zu stark.

Immer näher kamen sie dem Eisrand. Schließlich ließen Salumo und Angmak los, bald darauf Tuklavik. Aber Umialik ließ nicht locker.

«Lass los! Lass los!», rief Tuklavik voll Angst.

Aber Umialik wollte einfach nicht nachgeben. Da draußen schwamm das so bitter ersehnte Fleisch, ihre Nahrung. Am Ende der Leine hing nicht nur ihre Nahrung, sondern auch das Fett für ihre Lampen. Ein Haus ohne Öl für die Lampen war so kalt, dass einen schon beim bloßen Gedanken fröstelte. Während sie also die Rufe: «Lass los! Lass los!» hinter sich hörte und bereits so nahe am Eisrand stand, dass das dunkle Wasser fast schon ihre Füße berührte, gab sie noch immer den Kampf nicht auf.

Dann tauchte das Walross wieder auf und machte einen so gewaltigen Ruck, dass ihr die Leine aus der Hand gerissen wurde. Umialik hatte das Spiel verloren; aber nicht nur das Walross war entkommen, auch ihren guten Wurfspieß mit der langen Leine hatte sie eingebüßt. Zwar hatte sie noch andere, aber dieser war ihr bester gewesen. Es würde viel Mühe und Zeit kosten, wieder einen neuen mit einer so langen Leine anzufertigen.

Eine Weile starrten die vier Jäger über die weite See, aber das Walross tauchte nicht mehr auf.

«Das war ein altes und sehr kluges Walross», sagte Tuklavik. «Als der Wurfspeer es getroffen hatte, schwamm es nicht aufs Ufer zu. Hätte es das getan, dann hätten wir es bestimmt erlegt, denn Tuklavik stand schussbereit mit seinem Speer am Ufer. Du hast es gut gemacht, Umialik, aber du hast deinen guten Wurfspeer und die Leine verloren.»

«Ami-lang!», antwortete Umialik. «Mir ist aber doch noch mein Spieß geblieben», und sie beugte sich bei diesen Worten auf das Eis, um ihn aufzuheben.

«Dreht sich der Wind, werden wir kein Walross und keinen Seehund mehr zu sehen bekommen», erklärte Tuklavik. Besorgt musterten beide den dunstigen Himmel. Es entging ihnen nicht, dass Windstille eingetreten war und die See ruhig dalag. Das war ein schlechtes Zeichen; ein Wetterwechsel bahnte sich an. Wenn der Wind landwärts wehte, dann würde das eisfreie Wasser vollständig mit Treibeis bedeckt werden.

Ihre einzige Hoffnung setzten sie noch auf die letzten Stunden des Tages; vielleicht würde sich doch noch ein Walross oder ein Seehund zeigen. So warteten sie am Ufer, hinter den Felsen geduckt, und beobachteten eifrig die Wasseroberfläche.

Der Tag neigte sich schon seinem Ende zu, als ein Schuss grell in der kalten Luft zu hören war. Tuklavik hatte einen Seehund erlegt! Geduldig wartete er, bis er näher herantrieb, und dann gab er ihm mit seinem Wurfspieß den Gnadenstoß. Es war eine mühselige Arbeit, den schweren, schlüpfrigen Körper aus dem Wasser zu ziehen. Alle packten an. Sie zogen und zerrten, aber es sah gerade so aus, als ob der große Körper, je mehr sie sich abmühten, nur desto länger und schwerer würde. Schließlich gelang es ihnen mit vereinten Kräften aber doch, ihn auf das Eis zu heben. Die beiden Familien freuten sich. Das Walross war zwar verloren, aber nun hatten sie Seehundfleisch zu essen und Öl für ihre Lampen.

Am nächsten Morgen wusste Umialik, noch ehe sie ihr Schneehaus verließ, dass sich der Wind während der Nacht gedreht hatte und von See her blies. Sie fühlte, wie es unter ihren Füßen zitterte: das Treibeis wurde bereits gegen das Festlandeis geschleudert. Sie stürzte vor ihre Behausung, schaute hinaus und rief traurig: «Ami-lang! Jetzt hat es keinen Sinn mehr, am Ufer zu jagen.»

Das Wasser war dicht mit Eisblöcken bedeckt, die die zornige See herumwirbelte, gegeneinander schleuderte und aufeinander türmte. Der Wind war zum Sturm geworden, und als Umialik aufs Meer hinausschaute, taten ihr die Augen weh, so stark wehte es landeinwärts. Sie bemerkte auch die Kinder, die diese wilden, sich zermahlenden Eismassen beobachteten. Sie wollte sie zurückrufen, aber ihre Stimme verlor sich in dem Donnern und Krachen der aufeinander stürzenden Eisblöcke. Als sich Salumo und Angmak einmal zufällig umdrehten und sahen, wie Umialik sich ihnen langsam näherte, kehrten sie zurück und lachten dabei, weil sie einander nicht hören konnten, sondern nur die Lippen des anderen sich bewegen sahen.

Umialik und Tuklavik hofften, dass sich der Wind drehen und das Eis wieder in die See hinaustreiben würde. So blieben die beiden Familien weiter am Ufer. Aber es trat kein Wetterwechsel ein. Von Tag zu Tag warteten sie darauf, aber vergeblich. Schließlich waren ihre Vorräte fast erschöpft.

Eines Tages verließ Umialik ihr Schneehaus, wanderte weit hinaus auf das felsige Kap und schaute über die weite, weite Fläche der aufeinander getürmten Eismassen – kein Wasser war zu sehen. Der Wind wehte ihr die Haare aus dem Gesicht. Ernst und voll Sorge schaute sie drein und dachte an die Zeiten, da es ihnen ebenso ergangen war. Damals hatten sie schwer unter der Hungersnot zu leiden gehabt. Es klangen ihr die Schreie der Kinder nach Nahrung wieder in den Ohren, und man hatte ihnen doch keine geben können. Sie seufzte, als sie sich von dem traurigen Bild der Eiswüste abwandte. Nun war keine Aussicht mehr, Seehunde oder Walrosse zu erlegen. Der Wind konnte noch lange so weiterwehen. Sie mussten sich woanders nach Nahrung umsehen.

Tuklavik, der Umialik beobachtet hatte, sah, wie ihre sonst so aufrechte Gestalt sich beugte. Er erriet ihre Gedanken. Er grüßte sie, als sie zurückkam, und sagte: «Wir müssen landeinwärts fahren!» und schaute dabei auf die eisbedeckte See hinaus.

«Ami-lang!», antwortete sie ernst. «Wir müssen bald aufbrechen, solange unsere Hunde noch die Schlitten ziehen können. Wir haben nicht mehr viel zu essen.»

Tuklavik schaute sie an und bemerkte, dass sie traurig und niedergeschlagen war. Da huschte ein ermutigendes Lächeln über sein Gesicht. «Ich glaube, dass wir oben am großen See, jenseits der großen Ebene, viele Forellen fangen können», sagte er. «Lasst uns aufbrechen! Als ich das letzte Mal dort war, sah ich plötzlich eine so große Forelle, dass ich es nicht wagte, sie mit dem Spieß zu durchbohren, aus Angst, sie könnte mich hinunterziehen. Sicher wartet sie noch darauf, von mir gefangen zu werden. Säumen wir also nicht länger!»

Umialik lachte ihrem Gefährten mitten ins Gesicht. Er hatte einen Spaß gemacht, um sie aufzuheitern. So riss sie sich denn zusammen und sagte: «Tuklavik, du bist ein schlechter Geschichtenerzähler! Du bist aber ein guter Mensch, auch wenn du vor Forellen Angst bekommst.» Beide mussten lachen. Es war ihnen nun nicht mehr gar so schwer ums Herz, als sie sich anschickten, diesen Ort zu verlassen.

Überraschung in der Nacht

Wieder einmal waren die Hunde angeschirrt und vor die beladenen Schlitten gespannt, wieder wurden die Schneehäuser niedergerissen, und die beiden Familien verließen die Küste, um an den von Tuklavik erwähnten See zu fahren. Um ihn zu erreichen, mussten sie die Hochebene überqueren. Dort hofften sie Karibus anzutreffen.

Angmak und Salumo scherzten miteinander und neckten sich, während sie dahinfuhren, aber das Lachen flog ihnen nicht mehr so leicht von den Lippen wie vorher: sie litten Hunger. Den ganzen Tag hatten sie noch nichts zu essen bekommen und wussten nicht, wie lange es noch dauern würde, bis sie sich wieder satt essen konnten.

«Schnallt den Riemen enger!», hatte ihnen Umialik zugerufen.

Das hatten sie auch getan, aber der Hunger tat trotzdem weh. Es war zwar nichts Besonderes, doch konnte man mit hungrigem Magen nicht recht froh sein. Auch die Hunde waren nicht so quicklebendig wie sonst und trabten recht kleinlaut dahin; die armen Kerle hatten bereits seit zwei Tagen nichts zu fressen bekommen.

«Glaubst du, dass es dort oben, wohin wir fahren, Karibus geben wird?», fragte Salumo plötzlich, als er schweigend neben Angmaks Schlitten herging. «Wenn es da oben keine gibt, was tun wir dann?»

Angmak hatte zwar denselben Gedanken nachgehangen, aber sie machte gerne einen Spaß. Immer sah sie auch die heitere Seite des Lebens, sogar wenn sie fror oder hungerte. Es war ja auch sinnlos zu jammern.

«Wenn es dort keine Karibus gibt, dann kann es doch sein, dass uns ein Bär über den Weg läuft», erwiderte Angmak und warf bei diesen Worten ihre schweren Zöpfe zurück. «Und wenn ich einen Nanuk sehe, bleibe ich in aller Ruhe auf dem Kómotik sitzen und schaue dir zu, wie du ihn erlegst. Du musst auch ganz allein damit fertig werden. Angmak musst du aber die Bärenzunge geben, denn Angmaks Magen ist leer.»

«Nein», antwortete Salumo und schüttelte den Kopf, «ich habe einmal einen brüllen hören, als ihm mein Vater den Spieß in den Leib bohrte. Ich will auf keinen Fall allein einen Nanuk angreifen, auch wenn mir der Magen knurrt.»

Dann hellte sich plötzlich sein Gesicht auf, und er rieb sich die Schulter an seiner Freundin. «Wir gehen natürlich miteinander. Ich schieße und verwunde ihn und du tötest ihn, bevor er Zeit hat, uns aufzufressen. Dann haben wir alle genügend Fleisch!»

«Salumo hat Angst», neckte Angmak.

«Ich habe keine Angst», verteidigte sich Salumo, «aber allein schaffe ich es nicht.»

Da lachten beide. Dann fingen sie an zu raufen, und Angmak stieß Salumo in eine Schneewehe hinein. Danach war ihnen wieder froher zumute, und so trabten sie munter neben den Hunden her.

Am späten Nachmittag kamen sie auf die Hochfläche, wo die Karibus ihr Futter suchen. Angmaks Vater kletterte auf den höchsten Felsen, während die Schlitten unten warteten. Seine scharfen Augen überflogen besorgt die schneebedeckte Ebene, aber nirgends konnte er Karibus oder auch nur ihre Spuren entdecken.

Als er herabkam, sagte er zu Umialik: «Die Karibus suchen sich hier und in der näheren Umgebung kein Futter, denn alles Moos ist mit Schnee und Eis bedeckt.»

Dann setzten sich beide auf einen Schlitten, um einen Entschluss zu fassen.

«Wir dürfen keine Zeit vergeuden», meinte Tuklavik. «Wir müssen Nahrung auftreiben, solange die Hunde noch ziehen können.» Sie alle wussten, dass eingespannte Hunde es nicht lange ohne Nahrung aushalten. Und ohne Hunde, die die Schlitten zogen, würden sie hilflos dastehen.

Umialik war eine kluge, alte Frau. Tuklavik wandte sich an sie und sagte: «Was sollen wir machen, Umialik? Sollen wir hier bleiben oder weiterziehen?»

«Weiterziehen müssen wir, damit wir deine Riesenforelle fangen können», antwortete sie und lachte.

«Ami-lang!», pflichtete ihr Tuklavik lachend bei und sagte: «Diese Forelle wird von Tag zu Tag größer.»

Dann entrollte er seine lange Peitsche und versetzte damit dem Leithund einen leichten Schlag. Die Hunde zogen an, und der Schlitten kam gut in Fahrt. Umialiks Gefährt folgte dicht dahinter. Im Scheine der «Guten Schatten», die sich bald über den ganzen Himmel verbreiteten, fuhren sie die ganze Nacht hindurch.

Als die hungrigen Wanderer den großen See erreichten, schlugen sie gleich Löcher in das Eis und hatten Glück: noch in der Nacht spießten sie fünf Fische auf. Es war zwar nur eine schmale Kost, aber sie wurde ehrlich geteilt, und Mensch wie Tier fühlten sich gestärkt.

Am nächsten Tag hatte man mehr Glück. Viele Forellen wurden an den Speerspitzen aus dem Wasser herausgeholt. Angmak und Salumo machte es Spaß, miteinander zu wetteifern, wer die meisten Fische aufspießte. Beide lagen vor ihren Löchern auf dem Eis und schauten in das klare Wasser hinab. Mit der rechten Hand hielt jeder einen stoßbereiten Speer, während die linke eine Schnur hin und her bewegte, an deren Ende ein Bleistück hing, das in ein Stück aufgeschnittene Fischhaut gewickelt war. Sie konnten recht gut sehen, wie die großen Fische dahinschwammen, wie sie manchmal ihre Fahrt verlangsamten, um einen Blick auf das Senkblei zu werfen. Manchmal stießen sie sogar mit ihrem Maul dagegen. Dann zielten Salumo und Angmak mit ihren Spießen schnell nach ihnen. Es kostete jedes Mal einen Kampf, einen großen Fisch aus dem Loch herauszubringen, lag er aber einmal auf dem Eis, dann gefror er schnell, selbst wenn er eben noch gezappelt hatte.

An diesem Abend konnten alle nach Herzenslust essen. Der Hunger der letzten Tage war in der Erinnerung nur noch ein böser Traum. Auch die Hunde hatten ihren gehörigen Anteil bekommen, dann wurden die übrig gebliebenen Fische zum Trocknen hergerichtet. Alle halfen mit. Man schlitzte sie auf, reinigte sie, machte in das Fleisch Einschnitte und hängte sie an eine Leine.

Die wurde hoch über die Schneehäuser gespannt, damit die Hunde die Fische nicht erreichen konnten. Dazu wurden Wurfspieße in den Schnee eingerammt und an ihnen die Enden der Leine befestigt. Verließ man die Gegend nach einiger Zeit, dann hatte die Kälte inzwischen alle Feuchtigkeit aus dem Fischfleisch herausgefroren. Die Eskimos essen dieses kräftige Pepsi gerne, das im Mund so leicht zerbröckelt und so köstlich schmeckt.

Am Abend saß Salumo auf den Fellen der Schlafstätte und flocht an einer Leine. Umialik kaute an den Rändern von Ledersohlen, die für Salumos Fellschuhe gedacht waren. Plötzlich hielten sie inne und lauschten. Warum wohl die Hunde winselten? Sie verhielten sich gewöhnlich ruhig, es sei denn, dass sie durch ein auffälliges Geräusch aufgestört wurden. Umialik zog die Schuhe an und ging hinaus, um zu sehen, was die Hunde aus der Ruhe gestört haben mochte. Salumo folgte ihr. In der klaren, stillen Nachtluft hörten sie aus der Ferne das Geräusch von Schlittenkufen. Leute kamen!

Tuklaviks Familie stand jetzt auch draußen. Bald fuhren auf dem mit Eis bedeckten Fluss Schlitten herauf. Als sie näher kamen, erkannte Salumo seine Freundin Supeali auf dem ersten Schlitten und Ittuk auf dem zweiten. Die beiden Famili-

en waren an der Küste ebenfalls vom Missgeschick verfolgt worden und kehrten nun an den See zurück, um auch Forellen zu fangen.

Die an der Leine trocknenden Fische wurden heruntergeholt und unter die Neuankömmlinge verteilt. Als auch die Hunde gefüttert waren, blieb vom ganzen Vorrat nichts mehr übrig.

Die Erwachsenen sprachen und lachten zugleich miteinander. Supeali und Angmak gingen in Salumos Schneehaus, und Supeali musste erzählen, was sich alles bei ihnen ereignet hatte, seit sie mit Ittuks Familie, die etwas sonderbar war, zusammen lebten.

«Ihr solltet bloß sehen, wie sie die Hunde lenken!», kicherte sie. «Die Hunde gehorchen ihnen einfach nicht. Sie wenden zum Beispiel nicht, wenn es ihnen befohlen wird, sondern spitzen nur die Ohren und laufen geradeaus. Es sind aber auch böse, streitsüchtige Hunde, die sich fortwährend balgen. Manchmal kommt es sogar vor, dass sich alle in den Zugleinen verwickeln.»

In diesem Augenblick steckte Ittuk den Kopf zum Eingang herein. Er hatte gerade noch die letzten Worte gehört.

«Ami-lang! Wenn sich unsere Hunde auch beißen und raufen, so haben sie uns doch gestern das Leben gerettet», gab er zur Antwort. «Wären sie nicht gewesen, wären wir auf dem Eis eingebrochen.»

«Wieso? Erzähl uns!», riefen Salumo und Angmak zugleich aus.

Supeali schämte sich jetzt und schlug die Augen nieder.

«Wir fuhren auf dem Eis des Kuguapikflusses. Es sah ganz weiß und sicher aus, aber plötzlich gebärdeten sich die Hunde, als ob sie Angst hätten. Dann streckten sie die Beine von sich und legten sich auf das Eis. Nach einer Weile fingen sie an, langsam ans Ufer zu kriechen. Wir folgten ihnen zu den Felsen, und da die Nacht hereinbrach, blieben wir dort und bauten uns an

Ort und Stelle unser Schneehaus. Als wir heute früh aus unserem Iglu schauten, waren Eis und Schnee verschwunden und nur offenes Wasser war zu sehen.» Ittuk machte eine Pause und schaute die drei lauschenden Freunde an, dann fuhr er fort: «Wären wir weitergefahren, dann wären wir mitsamt unseren Kómotiks in dem tiefen Fluss versunken. Eine Flutwelle hatte das Eis von unten her ausgewaschen, sodass nur noch harter Schnee das Wasser überdeckte. Aber unsere Hunde spürten, dass es gefährlich war und uns der Untergang drohte. Amilang!»

Eine ganze Weile sagte niemand ein Wort. Dann erzählten Angmak und Salumo von Umialiks Walross, das auf die offene See hinaus entflohen war.

Am nächsten Tag waren alle, mit Speeren und Leinen bewaffnet, schon bei Morgengrauen auf dem See. Man fischte wieder an den Löchern und dort, wo sich im Eis Spalten gebildet hatten. Als sich der kurze Tag neigte, hatte man eine Menge Fische gefangen und sie sofort zwischen den Behausungen zum Trocknen aufgehängt. Nun waren die Mägen der Menschen und der Tiere gefüllt – und alles war in bester Stimmung.

Am Abend machte Supeali den anderen den Vorschlag, zu viert bei ihr im Haus zu schlafen. Die Erwachsenen waren damit einverstanden, und so trugen Angmak, Salumo und Ittuk ihre Schlafsäcke in Supealis Iglu. Bald waren sie in ihre weichen Schlafsäcke gekrochen, aber sie flüsterten und kicherten und lachten noch lange miteinander. Schließlich fielen sie doch in Schlaf, und alles, was man von ihnen sehen konnte, wie sie so in einer Reihe nebeneinander lagen, waren ihre vier schwarzen Haarbüschel.

Salumo war gerade beim Einschlafen, als er plötzlich von einem Schneeblock, der ihm auf den Kopf gefallen war, unliebsam aus dem Schlafe geschreckt wurde. Ganz verdutzt setzte er sich auf, rieb sich die Augen und schaute umher. Dann bemerkte er, dass auch die anderen sich aus ihren

Schlafsäcken herauswanden und aufsetzten. Loser Schnee und gebrochene Schneeblöcke hatten fast alle zugedeckt. Was für einen Aufruhr gab es da!

Natürlich schauten alle in die Höhe, um zu sehen, woher der «Segen» kam. Das Schneehaus hatte kein Dach mehr; an seiner Stelle gähnte eine Öffnung, durch die die Sterne hereinsahen. – Aber was war das? – In klaren Umrissen erblickten sie mit Entsetzen den großen Kopf und die Vorderpfoten eines Bären, der neugierig zu ihnen hereinschaute.

«Ein Nanuk!», stöhnte Salumo.

Blitzschnell verstanden sie, was den Bären zu ihnen geführt hatte. Die zum Trocknen aufgehängten Fische! Er wollte sich an ihren Fischen gütlich tun, und dabei hatte sein mächtiges Gewicht die Schneeblöcke eingedrückt.

«Er wird uns bestimmt angreifen», jammerte Supeali und schlüpfte schnell wieder in ihren Schlafsack.

«Nein, das wird er bestimmt nicht», rief Angmak und lachte. «Salumo wird ihn niederschießen und mir die Zunge schenken», dann aber tauchte auch sie schnell in ihrem Schlafsack unter.

Aber Salumo war sogar noch vor ihnen in seinem verschwunden.

Die Kinder verkrochen sich so tief wie nur irgend möglich in ihren Schlafsäcken, denn sie fürchteten, dass der Bär im nächsten Augenblick über sie herfallen würde. Aber der dachte nicht daran, sondern rutschte unter dem Gekläff der Hunde vom Schneehaus herunter. Supealis Vater hatte indessen schnell das Gewehr ergriffen und war hinausgestürzt.

Einen Augenblick später hörten sie einen Schuss durch die Nacht dröhnen, und ein Freudenschrei verkündete ihnen, dass es nun für alle eine Menge Bärenfleisch geben würde.

«Schnell! Steht auf! Wir wollen uns den Bären ansehen!», sagte Ittuk.

«Ich habe keine Lust dazu», erwiderte Supeali.

«Doch, doch, komm nur!», ermunterte sie Angmak, packte ihren Schlafsack und schüttelte ihn kräftig. «Alle müssen raus, auch du!»

In diesem Augenblick kam Umialik herein. «Steh auf, Salumo!», rief sie, «kommt alle und tragt eure Schlafsäcke in unser Schneehaus! Supealis Vater muss sein Haus zuerst mit einem neuen Dach versehen.»

Die Kinder schlüpften gehorsam in ihre warmen Kleider und schüttelten den Schnee von ihren Schlafsäcken. Draußen zogen die Erwachsenen schon dem Bären das Fell ab und schnitten das Fleisch in Stücke. Sie arbeiteten schnell, denn sie mussten damit fertig sein, ehe es gefror. Oben am Hügel hatte Supealis Vater bereits einige große, passende Felsen ausfindig gemacht. Dort hinauf trugen die Männer das Fleisch und umgaben es mit Felsbrocken, sodass eine natürliche Vorratskammer entstand, die das Fleisch vor den herumschweifenden Tieren schützte. In wenigen Tagen würde es durch und durch frostgetrocknet sein. Dann verdirbt dieses Nekko ebenso wie das Pepsi nicht und kann ins Hausinnere mitgenommen werden.

Angesichts des reichlichen Vorrats an Fisch und gutem Bärenfleisch konnten die Leute wohl fröhlich sein. Am meisten aber freuten sie sich über das gute Bärenfett für ihre Lampen, deren Flammen schon recht niedrig brannten.

«Sagte ich dir nicht, dass ich die Bärenzunge bekommen würde?», prahlte Angmak und hielt stolz den begehrten Leckerbissen in die Höhe.

«Ja», antwortete Salumo, «aber du hast den Bären nicht getötet. Als du sahst, wie er durch das Loch im Dach des Iglus zu dir herunterschaute, hast du dich in deinen Schlafsack verkrochen, gerade so flink wie Supeali und ich.»

Alle lachten bei diesen Worten und gingen in Umialiks Schneehaus, wo sie ihre Schlafsäcke niederlegten, um nach dieser aufregenden Unterbrechung ihrer Nachtruhe weiterzuschlafen.

Der Seehund,
der unterzutauchen vergaß

Nach dem langen, kalten Winter freute sich Salumo, als die schönen Frühlingstage wiederkamen. Er hatte die kleinen Wolken, wenn sie am hellblauen Himmel dahintrieben, sehr gerne und liebte das Gemurmel des Wassers, wenn es aus den schmelzenden Schneemassen am Bergabhang herabsprudelte. In den ruhigen, kleinen Buchten kamen jetzt häufig Seehunde aus dem Wasser, um sich auf dem Eis zu sonnen. Das war die beste Jahreszeit, um Seehunde zu erlegen.

«Darf ich heute auf die Seehundjagd gehen, Anának?», fragte er, «ich hab das Fischen satt.»

«Gewiss, Salumo, du darfst», antwortete Umialik. «Ich muss heute nähen, du wirst bald einen neuen Anzug brauchen.»

Salumo nahm also das Gewehr und brach allein auf. Es war ein klarer, kalter Tag. Die Sonne schien, aber es war noch nicht warm genug, um den Schnee zum Schmelzen zu bringen. Der Junge ging zu einer kleinen Bucht, in der er Seehunde zu finden hoffte. Einige Zeit schritt er hurtig aus, und dann hörte man nichts als seinen schnellgehenden Atem und das Knirschen seiner Schuhe im Schnee.

Als er sich der Bucht näherte, bemerkte er fünf schwarze Flecken auf dem schwimmenden Eis – es waren Seehunde, die sich in der Sonne wärmten. Er freute sich besonders, dass weit und breit kein Jäger zu sehen war, das konnte man Glück nennen.

Salumo legte sich auf den Bauch, rutschte, kroch und krabbelte vorwärts und zog sein Gewehr mit den Armen nach. Er musste die Seehunde überlisten und sie glauben machen, er sei auch ein Seehund. Ahmte er ihre Bewegungen gut nach, dann würden sie nicht argwöhnisch werden und keine Gefahr vermuten.

Alle paar Sekunden pflegte ein Seehund den Kopf zu heben und einen Blick in die Runde zu werfen. Dann hob Salumo die Füße und bewegte sie langsam hin und her, als wären es Flossen. Der Seehund ließ dann gewöhnlich wieder den Kopf sinken, um sich erneut einem kurzen Nickerchen hinzugeben. Salumo achtete darauf, nie den Kopf oder die Arme zu heben, wenn der Seehund umherblickte, denn machte er auch nur eine einzige falsche Bewegung, dann würde das Tier in sein Eisloch hinunterplumpsen und an dieser Stelle vielleicht nie wieder heraufkommen.

Vorsichtig schlich Salumo auf den nächsten Seehund zu, bewegte die Füße hin und her, wenn das Tier den Kopf hob, und kroch wieder weiter, wenn es von neuem einnickte. Plötzlich knirschte ein Stück Eis. Das war für den Seehund das Alarmzeichen! Im Nu war er weg – und nichts war mehr von ihm zu sehen als sein Schwanz, der gerade im Wasser verschwand.

An diesem Missgeschick konnte nichts mehr geändert werden. Es blieb nichts anderes übrig, als sich an einen anderen heranzupirschen. Salumo durfte nun aber auf keinen Fall aufstehen, denn dann würden alle sofort verschwinden. Und schießen konnte er auch noch nicht, dazu war er noch zu weit weg. Langsam kroch er vorwärts, wippte mit den Füßen hin und her, drückte die Arme flach auf das Eis, wagte kaum zu atmen und achtete darauf, kein Geräusch zu machen. Der nächste Seehund kam bereits in Reichweite, da schöpfte auch dieser Verdacht und sprang mit einem Satz ins Wasser.

Auf dem Eis lag eine verdammte Schneekruste, die jedes Mal knirschte, wenn er sich weiterschob. Salumo erging es daher mit dem dritten und dem vierten Seehund kein Haar besser. Den ganzen Morgen hatte er mit dem vergeblichen

Anpirschen zugebracht, weil die Seehunde weit auseinander lagen und er nur ganz langsam kriechen konnte. Obwohl er recht müde war, wollte er seine Bemühungen doch nicht aufgeben, denn ein alter Seehund war noch sichtbar. Seinem Gebaren nach war aber auch dieser Seehund misstrauisch geworden. Offenbar hatte er beobachtet, wie einer nach dem anderen verschwand, und war dadurch unruhig geworden. Wie alle Seehunde war er außerhalb des Wassers kurzsichtig und hielt Salumo noch immer für seinesgleichen.

Gerade war er wach geworden und hob sich auf die Vorderflossen, bis er wie ein Mensch aussah, der aufrecht dasteht. Salumo musste unwillkürlich kichern, aber nur ganz leise, damit es das Tier nicht hören konnte. Der alte Herr versuchte, sich über das Ding, das sich ihm so vorsichtig näherte, klar zu werden. Jeden Augenblick konnte er ängstlich werden und geradeso wie die Übrigen in seinem Eisloch verschwinden. Dann könnte der Junge natürlich wieder keinen Schuss anbringen.

Salumo fror allmählich, auch war er vom Kriechen müde geworden und dazu noch ein wenig ärgerlich. Einen ganzen Morgen hatte er vergeudet und obendrein kein Seehundfleisch für den Abend erbeutet. Und da stand nun der letzte Seehund, fast aufrecht, musterte misstrauisch die Gegend und gab ihm keine Möglichkeit, näher an ihn heranzukommen. Nun, dann sollte dieser alte Herr wenigstens etwas zu sehen bekommen, was für ihn die große Überraschung seines Lebens darstellen würde. Wenn er ihm schon nicht nahe genug kommen konnte, so wollte er ihn wenigstens ins Wasser jagen und ihm dabei zuschauen.

Er sprang auf und lief auf ihn zu, während er in einem fort schrie und mit den Armen um sich schlug. Den wollte er mit Windeseile in sein Loch jagen. Der Seehund aber, über das ganze Possenspiel erstaunt, blieb wie angenagelt auf seine Vorderflossen gestützt stehen, streckte den langen Hals in die Höhe und starrte auf die sonderbare Gestalt, die auf ihn zu-

rannte. Springend, winkend und schreiend kam Salumo auf ihn zugeflogen. Aber der Seehund war so verblüfft, dass er zu tauchen vergaß. Salumo konnte sein ulkiges schwarzes Gesicht mit den weit geöffneten Augen sehen, die wie runde Löcher aussahen, und seinen borstigen Schnurrbart. Aber erst als er schon bei ihm stand und ihm mit dem Stiefel einen Puff in die Seite versetzte, erinnerte sich der Seehund, wo er war, und versuchte eiligst zu verschwinden. Sein dicker Körper zwängte sich nur schwer in das Eisloch und blieb halbwegs stecken. «Du dummer alter Seehund!», rief Salumo aus und schaute ihm zu, wie er sich durcharbeitete. «Da hast du noch eins!» Und er lehnte sich vornüber und gab ihm zum Abschied noch einen Stoß. Dann legte er sich aufs Eis und fing laut zu lachen an. «Ha-ha-ha! Ein Seehund, der unterzutauchen vergaß!» Niemand hatte je so etwas gehört. Und wie komisch es aussah, als das Tier ihn so verblüfft anstarrte!

Je mehr er daran dachte, desto mehr musste er lachen, und je mehr er lachte, desto spaßiger kam ihm die ganze Geschichte vor, bis er sich schließlich vor lauter Lachen hin- und herwälzte und sich die Seiten hielt, während ihm die Tränen über die Wangen liefen. Ein Seehund, der zu verschwinden vergaß!

Als er nach Hause kam, erzählte er Umialik von seinem Abenteuer mit dem alten Seehund. Da fing auch die gute Umialik zu lachen an, und so sehr musste sie lachen, dass sie kaum stehen konnte. Sie erzählte die Geschichte den anderen, und tagelang brach man in schallendes Gelächter aus, sobald die Rede auf Salumos Seehund kam, der unterzutauchen vergessen hatte.

Gefährliches Treibeis

Eines Tages kam Suatsuak früh am Morgen zu Umialik und sagte zu ihr: «Ich gehe mit Ittuk an die Flussmündung, um Fische zu stechen. Darf Salumo mit?»

Umialik war einverstanden. Dann wandte sie sich zu Salumo. «Vergiss nicht, Salumo», sprach sie mit warnender Stimme, «ihr geht an das Süßwasser, und das ist gefährlich. Wenn auch das Eis dick aussieht, zerfällt es nur zu leicht in längliche Stücke. Das Salzwassereis ist zäh und biegt sich, das Süßwassereis dagegen ist spröde.» Salumo wusste, dass Umialik die Wahrheit sprach, und nickte.

Während sich die drei anschickten zu gehen, entdeckte Suatsuak, dass einer seiner Hunde nicht mitkommen konnte, weil er sich an dem scharfkantigen Eis eine seiner Vorderpfoten verletzt hatte und sie noch nicht geheilt war. «Nehmen wir meinen Hund Sokkotuk statt deinem mit!», schlug Salumo vor. «Er ist der Anführer meines Gespannes und ist alt genug, um mit deinen großen Hunden zu laufen.» So wurde denn Sokkotuk mit den anderen angeschirrt und eingespannt.

«Du tätest gut daran, den Hunden die Pfoten zu umwickeln», sagte Suatsuak. «Gestern haben sie sich blutig gelaufen.»

Salumo holte gleich einige Lederstreifen, verband den Hunden damit die Pfoten, sodass die Krallen frei blieben, und machte dann den Verband um die Fessel herum fest. Während dieser Beschäftigung sah er, dass das scharfe Eis tiefe Schrunden in das Fleisch geschnitten hatte. Darum entschloss er sich, auch Sokkotuks Pfoten mit Leder zu schützen. Aber dieser hatte nie so etwas an den Beinen gehabt und wusste nicht, was er mit den sonderbaren Dingern anfangen sollte. Er spitzte die Ohren, schaute seine Pfoten an, schnüffelte daran, legte sich auf den Rücken und fuchtelte mit den Beinen in der Luft herum. Dann wälzte er sich auf dem Schnee, rieb die Pfoten aneinander, krümmte sich zusammen und versuchte sich mit den Zähnen des Leders zu entledigen. Salumo schaute ihm zu und musste sich vor Lachen die Seiten halten. «Sokkotuk!», rief er schließlich streng. Seinem Befehl leistete der Hund Folge und sprang auf. Aber beim Gehen hob er die Pfoten hoch und setzte sie so vorsichtig wie ein alter Mann auf den Schnee.

Sogar mit dem Fußschutz liefen die Hunde recht lahm. Erst als das Leder nass wurde und der schmelzende Schnee ihre Schmerzen linderte, hörten sie auf zu hinken.

Salumo und Ittuk liefen glücklich neben Suatsuak her. Manchmal, wenn sie müde waren, sprangen sie auch auf den Schlitten. Die Sonne schien auf die weiß schimmernde Fläche vor ihnen und funkelte auf den Millionen kleiner Eisstückchen, die in dem Schnee verstreut lagen.

«Du solltest deine Augenschützer aufsetzen, Salumo!», sagte Suatsuak. Er und Ittuk hatten ihre bereits aufgesetzt. Diese Lederstreifen mit den engen Schlitzen für die Augen waren ein wertvoller Schutz gegen den schrecklichen grellen Schein auf dem Schnee.

«Ich habe meine nicht mitgenommen.»

«Hat dir Umialik nicht befohlen, sie mitzunehmen?»

«Ami-lang! Aber ich glaubte nicht, dass ich sie brauchen würde.»

«Salumo war nicht sehr klug, denn er weiß nicht, was ihm von Nutzen und was ihm von Schaden sein kann», gab Suatsuak zurück und lief weiter, ohne sich nach ihm umzusehen.

Nach einer Weile merkte Salumo, dass er sehr töricht gehandelt hatte. Der grelle weiße Schnee tat seinen Augen weh.

Er schaute zum blauen Himmel empor, aber das war nicht viel besser, denn funkelnde Eiskristalle blendeten ihn auch da. So weh tat ihm das Geglitzer und Gefunkel, dass er es im Innern seiner Augen zu spüren meinte.

Die Sonne stand hoch, als sie die Flussmündung erreichten. Sofort legten sich die Hunde, um auszuruhen. Ohne angebunden zu sein, warteten sie ruhig den ganzen Tag. Salumo machte ihnen die Lederstreifen ab, und sie begannen zufrieden ihre wehen, geschwollenen Pfoten zu lecken.

Im Fluss war das Eis noch fest, aber zur Mündung hin, wo Sonne und Meer ihren zerstörenden Einfluss ausübten, hatte sich die Eisdecke in Treibeis verwandelt. Lustig auf und ab tanzend und gegeneinander prallend, trieb es mit dem Strom dem Ozean zu.

Salumo schaute den dahinschwimmenden Eisschollen nach. Wie gern wäre er von einer zur anderen gesprungen! Er dachte an die Zeiten, als er, Angmak und Supeali einander auf den auf- und abschwankenden Eisschollen gejagt hatten. Wie herrlich war das doch gewesen!

Suatsuak bemerkte, wie Salumos Augen glänzten, und wusste, woran er dachte. Alle Kinder spielen mit Vorliebe auf den gefährlichen Eisschollen. Die Gefahr macht den Spaß erst reizvoll. Hatte er nicht selbst dieses Spiel getrieben? Heute konnte er es aber nicht mehr mit ansehen, und er warnte Salumo: «Du gehst mir nicht auf die Eisschollen! Es ist zu viel Strömung in dem Fluss, es könnte leicht sein, dass eine dein Gewicht nicht aushält. Du würdest rettungslos ertrinken, geh mir also ja nicht hin!»

Salumo hörte zu, ohne ein Wort zu erwidern. Er war zum Fischen hierher gekommen – das wusste er sehr wohl –, und widerstrebend machte er sich an die Arbeit. Suatsuak und Ittuk, den Fischspeer in der Hand, lagen bereits auf dem Eis und schauten durch einen Spalt in das Wasser, in das sie schon ihre Senkbleie hinabgelassen hatten. Auch er nahm nun den

Speer in die Hand und legte sich, in einiger Entfernung von den anderen, an den Spalt.

So lag er eine lange Zeit auf der linken Seite, ließ seine Leine hin und her baumeln, und schaute, den Speer stoßbereit erhoben, in die Tiefe. Ab und zu stieß er schnell und sicher, so wie es ihn Umialik gelehrt hatte, in das Wasser. Zog er dann seinen Speer wieder heraus, so zappelte eine dicke Forelle wie wahnsinnig an den zwei gebogenen Zinken, die sich ihr um den Leib geklemmt hatten. Mit der Zeit hatte er einen hübschen Vorrat beisammen, aber er hatte es auch satt, weiter still zu liegen, während die Eisschollen draußen lustig hin und her trieben.

Salumo erinnerte sich recht gut der Warnung, die Suatsuak ausgesprochen hatte, aber die Schollen sahen doch recht fest aus. Er versuchte, mit seinen Gedanken beim Fischen zu bleiben, aber anstatt auf die Fische zu achten, schaute er immer öfter zur Flussmündung hinab, wo die großen Eisblöcke gegeneinander stießen und wieder auseinander trieben. Wenn ich nur ein bisschen auf ihnen herumspringen könnte!, dachte er, das würde mir bedeutend besser gefallen als dieses langweilige Fischen. Er schaute zu Suatsuak hinüber. Der war eifrig bei der Arbeit und ebenso Ittuk. Salumo legte den Speer auf das Eis, ging langsam zur Mündung hinab und sprang plötzlich auf eine der größeren Eisschollen.

Er war außer sich vor Freude und Begeisterung, als er merkte, wie sie unter seinem Gewicht leicht hin und her schaukelte. Das war vielleicht ein Spaß! Als sie weiter einsank, sprang er schnell auf die nächste, dann wieder auf eine. Er konnte nie lange auf einer verweilen, denn sie senkten sich unter seinen Füßen, und so fuhr er fort, von Scholle zu Scholle zu springen. Manchmal musste er einen weiten Sprung machen, und er war ein paarmal nahe daran, das Gleichgewicht zu verlieren. Aber das war ja der Spaß!

So ging es lustig weiter, bis er plötzlich auf ein großes Eis-

stück springen musste, das einen nicht gerade festen Eindruck machte. Nachdem er hinaufgesprungen war, fühlte er sofort, wie es unter ihm auseinander brach. Und da war es geschehen: Hilflos platschte er in das eisige Wasser hinein und ging sofort unter. Das Wasser schloss sich über ihm, und er fühlte, wie es ihn nach unten zog. Als er keuchend wieder an die Oberfläche kam, sah er, wie ihn die Strömung gegen den Rand des festen Eises trug. Was hatte doch Suatsuak gesagt? Dass es ihn unter das Eis ziehen würde? Gerade im letzten Augenblick warf er die Arme hoch, um sich am Eisrand festzuhalten, aber die Strömung zog und zerrte ihn an den Beinen. Wurde er unter das Eis gezogen, dann konnte ihm niemand mehr helfen!

Aus Leibeskräften fing er nun zu schreien an. Würden die anderen ihn hören? Würden sie noch zur rechten Zeit kommen? Es fror ihn bereits schrecklich an den Fingern! Er hatte schon gar kein Gefühl mehr darin! Die Strömung zerrte an seinem Körper, lange würde er sich nicht mehr halten können, seine Finger fingen an, nachzugeben. In seiner Verzweiflung schrie er, so laut er konnte: «Hilfe, zu Hilfe!»

In diesem Augenblick sah er, wie Suatsuak und Ittuk in höchster Eile herbeirannten. Sie packten ihn an den Händen, zogen mit allen Kräften und brachten ihn endlich auf das Eis. Seine Pelzkleider und seine Stiefel waren voll Wasser. Da keine trockenen zur Verfügung standen, fuhr ihm Suatsuak mit den Händen über die Kleider und drückte so viel Wasser, wie nur irgend möglich, heraus, während Ittuk ihm die Stiefel auszog und sie ausleerte.

«Wir müssen sofort heim! Los!», rief Suatsuak, «oder du gefrierst zu Eis!»

Schnell waren die Fische in den Beutel aus Seehundfell geworfen, auf den Schlitten geladen, die Hunde angeschirrt und eingespannt. Sofort rief Suatsuak den Hunden sein «U-ischt, u-ischt!» zu, und los ging es. Oft schleuderte Suatsuak während der Fahrt die lange Lederschnur seiner Hundepeitsche mit einer schnellen Drehung der Hand in die Luft, sodass es einen Lärm gab, der einem Gewehrschuss glich und die Hunde zu höchster Eile antrieb.

Um diese Zeit gibt es bei den Eskimos keine Nacht mehr. Die Sonne verschwindet nur etwas hinter den Hügeln. Es wurde bitter kalt, während ein heftiger Wind über die Ebene fegte.

Salumo zitterte, dass ihm die Zähne klapperten. Die Füße taten ihm vor Kälte weh, und so schwer waren sie, dass er sie kaum vom Boden heben konnte, denn das Wasser floss von seinen Kleidern in die Stiefel und gefror dort zu Eis. Fühlte er sich so elend, dass er glaubte nicht mehr einen Fuß vor den anderen setzen zu können, so kletterte er auf den Schlitten, um ein wenig auszuruhen. Aber sofort schob ihn Suatsuak wieder hinab und befahl ihm zu laufen. «Du darfst dich nicht auf den Schlitten setzen», sagte er, «sonst gefrierst du zu einem Eisklotz!»

Salumo wusste recht gut, dass Suatsuak die Wahrheit sprach, er wusste aber auch, dass er nur wegen seines Ungehorsams in dieser Patsche saß. Schlimmer aber als alles das war ihm der Gedanke an Umialik.

Als sie endlich heimkamen, half Umialik ihrem törichten Salumo aus den frosterstarrten Kleidern. Dann steckte sie ihn schnell in einen trockenen Schlafsack, damit er warm würde. Der Junge war nach diesen Strapazen zu erschöpft, als dass er auch nur die geringste Lust verspürt hätte, von seinem Abenteuer zu erzählen, aber Suatsuak und Ittuk berichteten in allen Einzelheiten von seinem dummen Streich, während sie die Fische verteilten.

Umialik hörte sich ihren Bericht an und paffte dazu ihre Pfeife. Als sie hörte, dass er nicht während des Fischens ins Wasser gefallen war, schüttelte sie stumm den Kopf. Salumo, der auf der Schlafstätte in seinem Schlafsack steckte, hätte es viel lieber gesehen, wenn Umialik ihn ordentlich ausgescholten hätte, anstatt nur stumm den Kopf zu schütteln, denn er wusste genau, was sie über diese ganze Geschichte dachte.

Salumo bedauerte auch, dass er seinen Augenschutz nicht getragen hatte. Die Augen fingen ihm jetzt zu brennen an, und das Licht tat ihm weh. Als er versuchte, sie zu bedecken, damit sie ihn nicht schmerzten, wurden sie unangenehm heiß. Tränen der Reue flossen ihm nun über die Wangen, und voll Schmerz verkroch er sich wie ein verwundetes Tier in der hintersten Ecke des Schneehauses. Er konnte nicht sehen, er konnte die Augen nicht offen halten, denn öffnete er sie ein wenig, so war ihm, als ob glühende Nadeln in die Augen dringen würden. In seiner Verzweiflung presste er den Kopf auf die Knie und stöhnte: «Warum kann ich auch gar nicht auf das achten, was mir gesagt wird!»

Seine Schneeblindheit dauerte mehrere Tage, und niemand konnte ihm helfen. Es blieb ihm nichts anderes übrig, als zu warten, bis die Schmerzen von selbst vergingen. Er vergrub den Kopf zwischen den Knien, und unaufhaltsam flossen seine Tränen.

An einem Abend saß Salumo – ein Anblick des Jammers – wieder auf seiner Schlafstätte. Umialik nahm ihre Näharbeit in die Hand und begann zu sprechen: «Ich will dir von einer Zeit erzählen, als mein Sohn Salumo, dessen Namen du trägst, schneeblind war wie du. Er war auf einer Jagdfahrt, als ihn dieses Unglück befiel. Er tastete sich den Weg zu den Hunden zurück, kroch über Eisblöcke und musste sich fortwährend in Acht nehmen, nicht in eine Eisspalte zu fallen. Schließlich haben ihn die Hunde sicher nach Hause gebracht. Danach vergingen Tage, und er konnte immer noch nicht sehen. Schlimm war, dass er nicht auf die Jagd gehen konnte, denn wir hatten nur noch wenig zu essen. Die anderen Familien waren nach besseren Jagdgründen aufgebrochen. Nun waren wir ganz auf uns allein angewiesen. Die Hunde gingen ein, wir selbst waren schwach vor Hunger.

Es war um jene Zeit im Winter, da das Eis in den Meerengen mahlt und kracht und die Wale an die ruhigen Uferstellen kommen. Mehrere Tage hatte ich sie schon beobachtet, aber ich hatte nicht die Kraft, den Wurfspieß so weit oder wuchtig genug zu werfen – jedenfalls nicht so, wie Salumo es getan hätte, wäre er nicht geblendet gewesen.

Eines Tages bat mich Salumo, ihn an den Rand des festen Eises zu führen. Ich tat es, und da standen wir beisammen. ‹Wenn jetzt ein Wal herankommt›, sagte er zu mir, ‹dann beschreib mir genau, wo er ist, und ich will versuchen, ihn zu treffen!›

Nach einer Weile sah ich, wie drei weiße Wale mit den Wellen auf und ab schaukelten. Ich sagte ihm, wohin er den Wurfspieß werfen sollte. Das erste Mal traf er nicht. So zogen wir den Spieß an der langen Leine wieder ein, und dann versuchte er es zum zweiten Mal. Jetzt hatte er Glück – er traf einen kleinen weißen Wal, der im Uferwasser herumspielte. Wir waren glücklich, denn sein Fleisch ist zart und gut.

Der Spieß steckte in seinem Körper. Wir schlangen nun die Leine um einen Eisblock, sodass er uns nicht mehr entgehen konnte. Als wir ihn schon ganz nahe herangezogen hatten, töteten wir ihn mit unseren Speeren. Dann zogen wir ihn auf das Eis herauf. Er war am ganzen Körper glatt und weich und weiß wie Schnee. – Wie herrlich schmeckte doch sein Fleisch!»

Umialik schnalzte mit der Zunge, als sie sich alles so lebhaft vorstellte. «Nun hatten wir genug zu essen, sodass wir in Ruhe die Zeit abwarten konnten, bis andere Jäger kamen, um uns mit ihren Gespannen auszuhelfen. So hat mein Sohn Salumo uns das Leben gerettet, obgleich er schneeblind war.»

Umialik legte ihre Arbeit beiseite und schaute zu Salumo hinüber. Ihre Geschichte hatte den gewünschten Erfolg: er hatte zu stöhnen aufgehört und sich aufgesetzt.

Salumo wusste wohl, warum Umialik ihm diese Geschichte erzählt hatte. Trug er nicht den Namen von Umialiks Sohn?

Konnte er nicht hoffen, dass auch er so stark und tapfer wie jener werden würde? Als Salumo, der Mann, schneeblind war, hatte er, ohne traurigen Gedanken nachzuhängen, an seine Mutter gedacht und einen Weg ersonnen, um sie vor dem Verhungern zu schützen. Ja, Umialik versuchte ihm Mut einzuflößen und ihm zu helfen, ebenso tapfer zu sein wie der große Jäger.

Salumo schloss seine verschwollenen Augen und begann seine Stiefel auszuziehen. «Salumo wird versuchen, tapfer zu sein», sagte er und schlüpfte in seinen Schlafsack.

«Ami-lang!», erwiderte Umialik und schaute ihn zärtlich an. «Bald werden deine Augen wieder gesund sein. Ich weiß, dass sie jetzt wie Feuer glühen, aber das geht vorüber, du bist trotz allem mein guter Sohn!»

Das letzte Iglu

Als die vier Familien die Seen verließen, war Tuklavik schon an die Küste gefahren, um sein Glück auf der Seehundjagd zu versuchen. Danach wollte er an die Stelle ziehen, wo er seinen Umiak zurückgelassen hatte – das große Boot, das im Sommer von den Frauen auf ihren Fahrten verwendet wird. Supealis Familie war auch an die Küste gezogen. Umialik und Salumo hatten sich entschlossen, mit Ittuks Familie auf die Reise zu gehen, und waren nun im inländischen Hochland auf der Jagd nach dem Karibu.

Die Tage vergingen, der Sommer kam. Überall schmolz der Schnee schnell dahin. An vielen Stellen schaute schon der nackte Boden heraus, aber es war noch immer feucht und kalt. Auch die Schneehäuser fingen unter den warmen Sonnenstrahlen zu schmelzen an.

«Ikki!», rief Salumo aus, und ein Schauder lief ihm über den Rücken, als er eines Tages bemerkte, dass das Dach des Iglus nach innen sackte.

«Frierst du?», fragte Ittuk, als er das entsetzte Gesicht seines Freundes sah.

«Ja, der Schnee schmilzt, und das Wasser tropft mitten auf mein Bett. Meine Bettfelle sind ganz kalt und feucht.»

«Auch unser Schneehaus fängt schon zu schmelzen an», sagte Ittuk.

Umialik schaute auf das sich senkende Dach und sagte: «Ami-lang, für die Iglus ist jetzt die Jahreszeit vorbei. Die Zeit der Zelte beginnt. Bald brechen wir nach der Küste auf, um dort mit Tuklavik zusammenzutreffen. Dann wollen wir in seinem großen Umiak vor der Küste kreuzen.»

«Meine Eltern haben gesagt, dass wir auch an die Küste ziehen müssen», warf Ittuk ein. «Ich freue mich, denn dann sind wir wieder alle beisammen.» Und er rannte heim, um seinem Vater zu berichten, dass Umialik an die Küste wandern werde, um dort mit Tuklavik zu jagen.

Während der nächsten Tage nahm sich Umialik das Fellzelt vor und besserte die schadhaften Stellen aus, zerrissene Felle wurden geflickt und die abgenützten durch neue ersetzt. – «Nun ist es wieder in Ordnung», erklärte sie schließlich und rollte es zu einem festen Bündel zusammen, das sie am nächsten Morgen, wenn sie zur Küste aufbrachen, auf den Rücken nehmen musste. Ittuks Mutter traf dieselben Vorbereitungen.

Salumo und Ittuk freuten sich nach dem langen Winter auf das Zeltleben. Bald würden sie an der Küste entlangfahren und in Zelten anstatt in Schneehäusern wohnen.

Am nächsten Morgen packten Ittuk und Salumo ihre Habseligkeiten in kleinen festen Rollen zusammen. Diese wurden nun mit den Schlafsäcken und den übrigen Kleidungsstücken fest umwickelt und die Gewehre und Speere unter die Verschnürung geschoben. Es war also nicht verwunderlich, dass ihre Traglasten schließlich groß und schwer wurden.

Schlitten konnte man jetzt keine mehr verwenden, denn die Hunde konnten sie ja nicht über den nackten Boden oder über die Gesteinsbrocken ziehen. Umialik und Suatsuak trugen daher ihre Schlitten an eine vor dem Wetter geschützte Stelle und lehnten sie an einen Felsen, damit sie nicht gleich vom ersten Schneefall zugedeckt wurden. Im Herbst würde man sie dann wieder an der gleichen Stelle vorfinden.

Einige kräftige Hunde wurden ausgewählt, welche die Zeltpfähle schleppen mussten. Ein Bündel Pfähle wurde dabei an einer Stelle zusammengebunden und dann jeweils zwei an einem Lederriemen befestigt, den die Hunde über Brust und Rücken trugen. Die übrigen Hunde durften unbeschwert nebenherspringen.

Ittuk und Salumo halfen einander, sich die großen Bündel aufzuladen und die Riemen zurechtzurücken. Einer der Riemen ging über die Stirn und einer über die Schultern, so wurde das Gewicht gleichmäßig verteilt. Dann setzten die beiden ihre Last noch etwas auf einem der Steinblöcke ab und warteten auf die anderen.

Schließlich waren alle bis auf Umialik fertig. Sie schlug eben ihr bereits bedenklich zusammengeschmolzenes Iglu ein und überließ der Sonne, es vollends aufzulösen. Dann rückte sie sich ihre gewaltige Last zurecht und übernahm, schwer unter der Bürde dahinschreitend, die Führung des ganzen Zuges. Alle schritten vornübergebeugt, langsam und gleichmäßig dahin, einer hinter dem anderen. So bildeten sie eine lange Trägerkolonne, die Umialik anführte. Ittuk und Salumo plauderten nicht viel, denn sie keuchten bald so schwer wie alle anderen. Manchmal sprangen ihnen die herumtollenden Hunde vor die Füße. Einmal stolperte Ittuk fast über einen, als er einen Augenblick nicht Acht gab. «Dir werde ich gleich meine ganze Ladung aufhalsen, wenn du nicht aufpasst!», schimpfte er. «Deinetwegen wäre ich beinahe hingefallen.»

Von Zeit zu Zeit hielt Umialik an, immer da, wo Felsen es ermöglichten, die Lasten aufzusetzen. Die Hunde jagten herum und warteten ungeduldig, bis sich der Zug wieder langsam in Bewegung setzte. Manchmal tranken die Tiere während der Rast aus einem in der Nähe vorbeifließenden Rinnsal.

Am Abend schlug die todmüde Gesellschaft ihr Nachtlager auf. Der Schnee war bereits zu weich, um ein ganzes Schneehaus mit einem richtigen Dach daraus zu bauen, so schütteten sie den Schnee zu einer Wand auf und warfen ein Fell darüber. Die Steinlampen wärmten ihre dürftigen Behausungen ein wenig, und alle schliefen die ganze Nacht tief und fest.

Der zweite Tag verlief in der Hauptsache wie der erste. Ittuk bemerkte im Laufe der Wanderung zuerst, dass ein Hund hinkte. «Halt!», rief er, «mit dem Hund ist etwas nicht in Ordnung.»

Alle blieben stehen und drehten sich nach ihm um; da sah man, dass er ziemlich weit zurückgeblieben war und jetzt langsam mit einer hochgehobenen Pfote näher kam.

Suatsuak legte seine Last auf den Boden und rief den Hund zu sich heran. Nachdem er die Pfote sorgfältig abgetastet hatte, meinte er: «Sie ist nicht gebrochen, nur stark verstaucht. Das Bein ist geschwollen, er muss in eine Felsspalte getreten sein. So wie er jetzt daran ist, kann er nicht mehr weit laufen. Wir müssen ihn wohl tragen.»

«Dann müssen wir unserem Suatsuak etwas von seiner Bürde abnehmen», erklärte Umialik sofort.

So übernahm denn jeder einen Teil von Suatsuaks Last. Während er das Bein des Hundes mit einem breiten Lederstreifen umwickelte, griff Umialik in ihren Pack hinein, zog eine alte Jacke aus Seehundfell heraus und machte daraus eine Art Hängematte. Das wimmernde Tier wurde hineingesetzt, und Suatsuak legte sich den Tragriemen über die Schultern. Dann konnte die Karawane die Reise fortsetzen. Der Hund lag zufrieden in der Hängematte, glücklich, dass er nun nicht mehr zu laufen brauchte.

Ihr Weg führte an einem breiten Fluss entlang. Während sie mühselig an den Hügeln entlangstapften, konnten sie unter sich die weite Fläche des eisbedeckten Wasserlaufes sehen. Das Eis sah fest und sicher aus. Und Salumo begann zu fragen: «Warum fahren wir denn nicht mit unseren Schlitten und den Hunden auf dem Eis hinab! Es scheint doch noch recht dick zu sein!»

«Das meine ich auch», stimmte Ittuk ein. «Gutes und festes Eis liegt auf dem Wasser, bestimmt hätte es unsere Schlitten noch getragen.»

Während er noch sprach, hörte man einen furchtbaren Lärm, der Boden erzitterte, und sie sahen, wie Eis und Steine in die Luft geschleudert wurden.

«Das Eis bricht! Das Eis bricht!», rief Suatsuak.

Nun schoss das schmutzig-graue Wasser donnernd an ihnen vorbei und riss das übrige Eis auf. Während es dahinbrauste, schleuderte es immer wieder Eisblöcke in die Luft und fegte alles auf die offene Bucht zu.

Als das Gebrüll des wütenden, tobenden Wassers und das Krachen des Eises etwas nachgelassen hatte, sah Salumo zu Umialik hinüber. Sie zwinkerte freundlich mit den Augen und sagte zu ihm: «Nun, mein Sohn, jetzt wirst du verstehen, warum wir dieses Jahr nicht auf dem Eis fuhren. Die Gefahr, dass das Eis um diese Zeit in Gang kommt, ist zu groß. Und kluge Leute begeben sich nicht leichtsinnig in eine Gefahr, sondern suchen sie zu meiden.»

Gegen Ende des Tages fing Salumo zu klagen an, während die Männer und Frauen stumm dahinstolperten. «Meine Schultern sind von dem Riemenzeug ganz wund, der Rücken tut mir weh, und dabei laufen die Hunde frei umher und tragen überhaupt nichts, nicht einmal den Kómotik ziehen sie.»

«Ich bin überzeugt, dass deine Bürde nicht so schwer wie meine ist», antwortete Ittuk. «Alle meine Kleider und meinen Schlafsack trage ich mit mir. Ich glaube nicht, dass ich die Arme ohne Hilfe heben kann!» Und zum Beweis dafür, dass er die Wahrheit sagte, versuchte er Arme und Schultern etwas zu heben, aber er seufzte tief auf, so weh tat ihm jede Bewegung.

«Das mag ja stimmen, aber ich habe Anánaks Lampe mit, und die ist aus Stein und besonders schwer», versuchte Salumo dem entgegenzuhalten.

Da blieb Umialik stehen, drehte sich um und sagte: «Umialiks Ohren sind taub für die Klagen mancher jungen Leute über wunde Rücken und Müdigkeit. Sie hört keine Klagen von älteren Leuten, deren Rücken sich unter der Last krümmen.» Dann drehte sie sich wieder um und schritt so stetig und gleichmäßig wie vorher den Männern und Frauen voran.

Trotzdem fügte sie tröstend hinzu: «Scheut die Mühen nicht! Bald werden wir nichts mehr zu tragen haben, denn sobald wir bei Tuklavik sind, können wir mit dem Umiak aufs Meer hinausfahren.»

Als schließlich die Küste in Sicht kam, hielten sie eifrig nach Menschen und Zelten Ausschau, aber vergeblich, alles war still, und nichts deutete darauf hin, dass sich hier jemand häuslich niedergelassen hatte. Ihre Gesichter spiegelten die Sorge wider, als sie langsam und bedrückt das ganze Ufergelände absuchten. Hatten sie Tuklavik verfehlt? Hatte er mit seinem Boot bereits die Gegend verlassen? Das wäre schlimm, dachten sie. Sie hatten ja kein Boot zur Verfügung, und mit der Jagdbeute sah es dann schlecht aus.

An diesem Teil der Küste gab es nur zwei Umiaks, denn es musste einer schon ein großer Jäger sein, wenn er Besitzer eines Umiaks sein wollte. Man brauchte dazu nämlich eine ganze Menge guter Felle. Tuklavik war nicht nur wegen seiner Geschicklichkeit, sondern auch wegen seines Mutes und seiner Klugheit bekannt. Landauf, landab hatten die Leute Vertrauen zu ihm und betrachteten ihn als ihren Anführer. Er war ihr Freund, sein Boot gehörte jedem, und obwohl er es selbst gebaut hatte und es sein Besitz war, brauchte niemand um Erlaubnis zu bitten, es während des Sommers zu Jagdfahrten benutzen zu dürfen.

Als alle an den flachen Uferrand hinabgekommen waren, meinte Suatsuak: «Hier muss schon eine ganze Weile Sommer sein. Schaut, der Schnee ist fast ganz verschwunden. Tuklavik ist wahrscheinlich hier gewesen und hat diese Gegend vor unserer Ankunft wieder verlassen.»

Umialik gab keine Antwort. Ihre scharfen Augen musterten den Boden. Schließlich fand sie etwas und sagte: «Amilang! Hier hat ein Zelt gestanden. Tuklavik und seine Leute sind hier gewesen und weitergezogen. Jetzt sind sie vielleicht schon weit im Süden.»

Ittuk und Salumo verstanden die Besorgnis der Erwachsenen zwar recht gut, für sie aber war die Hauptsache, endlich von ihrer Last erlöst zu sein, die sie den lieben langen Tag auf dem Rücken getragen hatten. Sie zeigten jetzt für nichts Interesse. Nur einfach dasitzen zu dürfen und zufrieden den Blick über die weite See schweifen zu lassen, das war ihr einziger Wunsch. Wie glücklich waren sie, für einige Zeit am Meer leben zu können!

Umialik aber war sehr ernst. Sie wollte noch einen letzten Versuch machen, bevor sie die Hoffnung aufgab, Tuklavik zu finden. «Machen wir doch ein Feuer», sagte sie, «mit viel Rauch, vielleicht sind sie noch nicht weit von hier entfernt, dann wissen sie, dass wir gekommen sind!»

«O ja, machen wir einen Rauch, einen gewaltigen Rauch!», schrien die Kinder. Und schon waren sie auf den Beinen und sammelten am Ufer trockenes Reisig unter dem Treibholz.

Umialik stopfte sich indessen gemächlich ihre kurze Pfeife und schaute den Kindern zu. Als sie einen großen Haufen aufgeschichtet hatten, nahm sie einen Feuerstein und ein Stückchen einer rostigen Feile, rieb sie aneinander und ließ die Funken auf trockenes Moos fallen. Als sich ein bisschen Rauch entwickelte, hauchte sie die glimmenden Hälmchen so lange mit ihrem Atem an, bis eine kleine Flamme hochzüngelte. Dann hielt sie das brennende Moos an die trockenen Zweige, und gleich darauf schlugen die Flammen empor. Mit einem angebrannten Stückchen Holz steckte sie ihre Pfeife in Brand. Die Kinder schleppten immer mehr Holz herbei, der Wind blies kräftig hinein, und bald loderte ein helles, hohes Feuer.

Suatsuak schleppte nun einen Arm voll Erdklumpen herbei, die er mit dem Fuß losgelöst hatte. Diese legte er sorgfältig auf das brennende Feuer. Sofort entwickelten sich ungeheure schwarze Rauchschwaden, die hoch hinauf in die Luft wirbelten.

«Wenn Leute in der Nähe sind, müssen sie den Rauch sehen!», sagte er, während er Erdklumpen um Erdklumpen in die Glut schob, sodass sich immer schwärzere und immer größere Rauchwolken auftürmten.

Sie hatten fast jede Hoffnung aufgegeben und erwarteten nicht mehr, dass sich auf den Rauch hin jemand bemerkbar machen würde.

Plötzlich aber hörten sie kurz hintereinander drei Schüsse laut durch die weite Stille hallen.

«U-ii! U-ii!», schrien sie zur Antwort und sprangen auf. Jemand hatte also ihr Signal gesehen. Nun musste man eben warten. Einstweilen zogen sie ihre wärmere Kleidung aus den Bündeln und legten sie an, um sich gegen die Abendkühle zu schützen.

Die Zeit des Wartens kam ihnen reichlich lang vor. Alle schwiegen.

Plötzlich rief Umialik «Horcht!», und tatsächlich vernahm man ferne, dumpfe Schläge: tum, tum, tum!

«Ein Umiak! Ein Umiak!», flüsterten alle.

Nun wurden die Ruderschläge immer lauter.

Salumo war eingenickt, als er sich neben Umialik zusammengekauert hatte; die von ihr ausstrahlende Wärme tat ihm wohl. Jetzt sprang er wie die anderen auf und rief: «Ein Umiak! Ein Umiak!», als Tuklaviks großes braunes Boot um das Kap bog.

Über das Wasser kamen vom Boot Rufe als Antwort. Bald lief es knirschend auf dem Strand auf und die Leute sprangen heraus. Da stand nun endlich Tuklavik vor ihnen, aus dessen verwittertem Gesicht die Wiedersehensfreude strahlte, und Angmak, die wie immer über das ganze Gesicht grinste und ihre weißen Zähne zeigte. Und Supeali war auch da. Ihre Leute hatten sich während der Sommerjagd ebenfalls Tuklavik angeschlossen. Die vier Kinder waren überglücklich, wieder zusammen zu sein.

Umialik grüßte dankbar ihren alten Freund Tuklavik und lächelte ihn freundlich an – höchst selten tat sie das – und sagte: «Man kann sich immer darauf verlassen, dass du in der Nähe bist, wenn man in Not ist. Wir hatten schon gedacht, du wärest bereits von hier fortgegangen, und waren daher in ernster Sorge. Aber da bist du ja, wie immer, wenn man dich braucht.»

«Ami-lang!», antwortete er. «Das Leben ist schön, wenn Umialik wieder da ist.»

Tuklavik erklärte dann, dass er eben das Boot von dem Platz geholt hätte, wo es den Winter über gelegen hatte. «Das Umiak leckt», sagte er. «Der Fellbezug ist alt. Wir brauchen vor allem neue Bälge, um die abgenutzten zu ersetzen.» Während er das Ufer mit Kennerblick beobachtete, fuhr er fort: «Das ist kein guter Lagerplatz. Der Boden ist zu felsig, wir haben einen besseren auf der anderen Seite der Bucht gefunden. Da die See ruhig ist, können wir im Umiak hinüberfahren.»

Dann ließ er die Blicke über die Leute, die Hunde und die Traglasten gleiten. «Wir können nicht alle auf einmal mitnehmen», erklärte er, «wir müssen zweimal fahren, zuerst will ich die Menschen hinüberbringen und dann die Hunde. Wir müssen sofort aufbrechen.»

Die Entfernung über die Bucht war ziemlich groß. Da man fürchtete, die Hunde könnten versuchen, dem Boot schwimmend zu folgen und dabei ertrinken, erbot sich Suatsuak, zurückzubleiben und erst bei der folgenden Fahrt nachzukommen. Als das Umiak beladen war und die Leute sich auf ihren Plätzen niedergelassen hatten, schob er das Boot ins Wasser und schaute ihnen nach, wie sie fortruderten. Nachdem er die winselnden Hunde beruhigt hatte, suchte er sich einen angenehmen Platz zum Rasten aus, lehnte sich gegen sein Bündel, das ihn den ganzen Tag auf dem Rücken gedrückt hatte, und bald schlief er den Schlaf des Gerechten.

Die Hunde lagen wachsam bei ihm, während Stunde um Stunde verging. Der Himmel flammte noch im Abendschein, obgleich die Sonne sich schon hinter den aufgetürmten Felsen verkrochen hatte.

Kajakrennen

Kaum hatte das große Umiak angelegt, sprangen die Leute heraus und begrüßten die am Ufer Wartenden. Sie hatten sich alle in dieser Gegend versammelt, weil sie unter Tuklaviks Führung auf dem Meer kreuzen und jagen wollten. Unter den am Strand Herumstehenden befand sich auch Ikkerra, der spaßige, säbelbeinige Ikkerra.

Einige der Frauen, die schon früher eingetroffen waren, hatten bereits die Zelte aufgeschlagen und erboten sich zurückzurudern, um Suatsuak und die Hunde zu holen. Das Boot war bald geleert, man hatte die langen Zeltstangen mit Geklapper ans Land geworfen und die Bündel uferaufwärts geschleppt, wo Umialik und Ittuks Mutter sich nach einem passenden Platz für die Zelte umsahen. Umialik wählte schließlich ein Stückchen ebener Erde, wo sich ein paar Halme eines derben grünen Grases durch den Sand zwängten. Der Boden war von der Schneeschmelze noch feucht. Salumo kratzte den Boden mit einem Stock auf und sah, dass gleich unter der Oberfläche noch festes Eis war. «Darauf leg ich mich nicht!», erklärte er, «da ist es feucht und kalt.»

Die Frauen lachten, als sie ihn so sprechen hörten, aber Umialik sagte zu ihm: «Mach dich an die Arbeit, Salumo! Halte diese Zeltstange! Steh nicht jammernd in der Gegend herum!»

Bald waren die Zeltstangen aufgestellt und die Felle straff darüber gespannt. Als die beiden Frauen das Ganze am Boden verkeilt und ringsum Steine gelegt hatten, um den Zugwind vom Innern des Zeltes abzuhalten, half Salumo seiner Umialik beim Ausbreiten der Felle. Zuerst legten sie zwei

Bärenfelle hin, mit dem Pelz nach außen gewendet, die den hinteren Teil des Bodens bedeckten. Darüber legten sie mehrere Schichten von Karibufellen und schließlich ihre Schlafsäcke aus Pelz.

Bald verbreitete die Steinlampe, die einen frischen Moosdocht erhalten hatte, einen milden Schein und auch ein bisschen Wärme. Endlich hatten sie alles ausgepackt. Im Zeltinnern war es indessen angenehm und trocken geworden. Man konnte nicht glauben, dass gleich unter den Pelzen der Boden feucht war und darunter festes Eis lag.

Kaum in den warmen Schlafsack gekuschelt, wurde Salumo durch Gebell und freundliches Hundegeknurr wieder aus dem Schlaf gerissen. Im Halbschlaf hörte er, dass das Umiak wieder über die Bucht zurückgekehrt war.

Am nächsten Morgen, als Salumo aus dem Zelt herauskam, sah er, dass das Umiak bereits an Land gezogen worden war und die Männer eben die Felldecke entfernt hatten. Der große hölzerne Rahmen wurde sorgfältig ausgebessert, zerrissene Riemen herausgenommen und durch gute ersetzt, lose Taue angezogen und neues Holz eingefügt, wo das alte brüchig geworden oder gesplittert war. Das Ganze musste straff gespannt und fest sein, denn das Leben aller hing von dem Boot ab, wenn sie um das Kap oder in den Buchten entlang der Küste auf die Jagd fuhren.

Die Männer arbeiteten ununterbrochen den ganzen Tag, und es war spät, als Tuklavik sich in seiner ganzen Größe aufrichtete, sich die langen Haare mit dem Handrücken aus der Stirn strich und hörbar aufatmete. Dann wandte er sich an Umialik und sagte: «Wir sind fertig. Jetzt ist unser Boot wieder fest und sicher; es kann überzogen werden: die Frauen können nun Hand anlegen.»

«Ami-lang!», gab Umialik zur Antwort. «Die Häute, die wir zur Ausbesserung brauchen, sind schon im Wasser. Sie werden zum Nähen bereit sein, wenn die Nacht vorüber ist.»

Fast siebzig Felle wurden benötigt. Umialik wusste, dass von vielen Leuten die Felle, die sie zu diesem Zweck während des ganzen Winters aufbewahrt hatten, bereits eingeweicht worden waren.

Am nächsten Morgen standen die Frauen früh auf und kamen aus ihren Zelten. Sie brachten geflochtenen Faden mit, feste Nadeln aus Fischbein und ihre scharfen Ulus – Messer aus Stein, welche die Frauen zum Schneiden und Abkratzen benutzten. Sie begannen ihre Arbeit damit, alte Felle flink herauszutrennen, neue dafür einzusetzen, die durchgescheuerten oder abgenutzten mit einigen Flicken zu versehen und die geplatzten Nähte wieder zusammenzunähen. Es war jetzt die Zeit der weißen Nächte, in denen die Sonne um Mitternacht ebenso hell scheint wie zu Mittag. Da die Dunkelheit der Nacht ihre Arbeit nicht unterbrach, wollten sie unaufhörlich weiterschaffen, bis das Boot vollständig seeklar war.

Natürlich gab es, während sie die langen Fäden aus- und einzogen und die Säume aufeinander nähten, viele lustige Geschichten zu erzählen, und manchmal ertönte schallendes Gelächter, aber nie wurde die Arbeit unterbrochen, höchstens um ein Kind zu versorgen oder eine Pfeife anzuzünden. Hörte eine der Frauen auf, dann nahm sofort eine andere ihren Platz ein, denn die Arbeit musste vollendet werden, ehe die Felle trocken waren.

Einmal sah Umialik auf und warf einen Blick über das schimmernde Wasser nach dem Kap hinüber, wo mehrere Kajaks auf hohen Gestellen lagerten. «Die Leute sollten sich schon langsam einfinden», meinte sie. «Sie müssen sich doch um ihre Boote kümmern, ehe sie ihre Sommerjagd beginnen.»

Die Frauen nickten und schauten zu dem Bergabhang hinüber. Man hatte die Boote den Winter über dort gelassen, außer Reichweite der Füchse und Wölfe. Die Frauen wussten, dass die Eigentümer dieser Boote bald eintreffen würden.

Suatsuaks Frau lachte kurz auf. «Suatsuak», sagte sie, «kann in diesem Sommer nur vom Ufer aus jagen. Sein Kajak ist jenseits des Tsche-ke-tá-luk bei meinen Verwandten. Als wir in den großen Sturm gerieten, wussten wir nicht, dass wir diesen Sommer auf dieser Seite jagen würden.»

Tuklavik stand zufällig in ihrer Nähe und hörte ihre Bemerkung. Nach einer Weile ging er zu Suatsuak hinüber, der gerade auf einem Steinblock saß und eifrig an seinem Wurfspieß hantierte. «Ich habe in diesem Jahr ein neues Kajak. Mein altes liegt dort auf dem Gestell», sagte er mit einer Kopfbewegung zum Hügel hinüber. «Es ist zwar nicht mehr neu, aber man kann damit noch gut auf die Jagd gehen. Ich brauche es nicht. Wenn du es willst, kannst du es dir holen.»

Suatsuaks einzige Antwort war ein Kopfnicken, als er zu dem Kajak hinüberschaute. Und auch Tuklavik ging, ohne ein weiteres Wort zu verlieren, zu seinem Zelt hinüber. So selbstverständlich war seine Handlungsweise unter Eskimos.

Bald sahen die Frauen, wie Suatsuak, seinen stämmigen Körper unter der Last des Kajaks gebeugt, zum Strand hinunterschritt. Den Rest des Morgens verbrachte er damit, die Verschnürungen zu spannen und das lange Paddel, dessen Blatt aufgerissen war, auszubessern. Als er mit der Arbeit fertig war, kam er zu den nähenden Frauen herüber. Sein Gesicht strahlte vor Zufriedenheit, als er seine Frau anblickte und sagte: «Jetzt haben wir ein Kajak, nun kann ich auf die Seehundjagd gehen, wir werden Fleisch zu essen bekommen!»

«Ami-lang! Und Seehundfelle wird es geben und Sohlen für die Schuhe!», erwiderte sie lachend. «Ich habe meine Schuhe zwar geflickt, aber es läuft mir immer das Wasser hinein. Bald kann ich mir neue machen. U-ii! U-ii!»

Unter den Frauen gab es ein verständnisvolles Schmunzeln. Umialik sagte zwar nichts, aber aus ihrem Gesicht sprach die Freude, als sie zu Tuklaviks Zelt hinüberblickte.

Während die Frauen die Felle für das Boot nähten, waren

die Männer in die Kajaks gesprungen und fuhren auf das Meer hinaus. Alle am Strand lauschten, ob nicht von draußen ein Schuss ertönte. Hörte man nämlich keinen, so bedeutete dies, dass die Jagd schlecht war. Als ein Kajak nach dem anderen an das Land heranpaddelte und die Jäger ausstiegen, fragten die Frauen und Kinder, die ihnen ans Ufer entgegengegangen waren, mit ängstlicher Sorge: «Was habt ihr denn heute gefangen?»

Hatten sie Glück gehabt und einen Seehund geschossen, dann wurde er an Land gezerrt, abgehäutet, gereinigt, aufgeschnitten und das Fleisch zum Trocknen an langen Stöcken oder an einer Leine in die Sonne gehängt. Die Eskimos essen dieses Nekko sehr gern.

Hatte ein Jäger sein Tagewerk vollendet, so trug er sein Kajak weit das Ufer hinauf, damit die See es auch bei stürmischem Wetter nicht wegschwemmen konnte; dann kippte er es um und legte das Paddel darunter.

Salumo und die beiden Mädchen spielten unten am Wasser und warteten auf Tuklavik und sein Boot. Ittuk hatte das Kajak seines Vaters geholt und paddelte begeistert hin und her, um seine Kunstfertigkeit zu zeigen. Salumo wollte auch hinausfahren. Er hoffte sehr, dass Tuklavik ihm sein Kajak leihen würde.

Aber manchmal sehen es Eskimos nicht gerne, wenn Kinder mit ihren Kajaks umherfahren. Es kann zu leicht passieren, dass sie auf Felsen stoßen und Löcher in die Felle reißen. Es kam auch vor, dass sie zu weit hinauspaddelten, kenterten und ertranken. Tuklavik jedoch ermunterte Salumo geradezu zum Kajakfahren. «Du bist Salumo», pflegte er zu sagen, «du gehörst deiner Umialik und trägst den Namen ihres Sohnes. Er war ein großer und tapferer Jäger. Du musst dich seiner in jeder Weise würdig erweisen.»

Als Tuklavik heranpaddelte, fragte ihn Salumo: «Darf Salumo sich Tuklaviks Kajak leihen?»

Er antwortete freundlich: «Salumo ist zu klein, um schon ein eigenes Kajak zu haben. Aber wie soll er lernen, wenn ihm nicht jemand eines leiht? Du kannst meines nehmen, aber fahr nicht auf einen Felsen auf!»

Salumo schaute in Tuklaviks gütiges Gesicht und wusste sein Entgegenkommen zu schätzen, denn es war ihm wohl bekannt, dass er ebenso streng wie freundlich sein konnte. Er freute sich mächtig, dass dieser gute Mann ihm sein eigenes Kajak anvertraute. Als Tuklavik das Boot festhielt, damit er einsteigen und das Paddel querüber legen konnte, sagte Salumo: «Ich wünschte, wir könnten noch zwei Kajaks für Angmak und Supeali bekommen.»

Tuklavik lachte leise. Er wusste es recht gut: was man selbst tun darf, wünscht man auch anderen. Die Leute hatten ihren Spaß an den dreien, weil sie so fest zusammenhielten und so unzertrennlich waren. Denn hatte einer einen Kummer, dann hatten alle drei denselben. Sie kannten einander von frühester Jugend an und waren am glücklichsten, wenn sie zusammen waren.

«Wenn ihr aufpasst und nicht zu weit hinausfahrt, könnte ich euch erlauben, die beiden Kajaks zu benutzen, die noch im Wasser liegen», sagte er. «Angmak und Supeali, geht hinüber und fragt die Eigentümer, ob ihr sie nehmen dürft! Sagt ihnen, dass ich Salumo meines gebe und dass sie Tuklavik versprochen haben, vorsichtig damit umzugehen.» Dann blinzelte er mit seinen schalkhaften Augen, gab dem Kajak einen Stoß und warnte Salumo noch einmal: «Vergiss ja nicht, dass Tuklavik das Boot immer im Auge behalten wird!»

Salumo war glücklich, als er Angmak und Supeali zu den beiden Kajaks hinunterlaufen sah. Sie hatten also die erbetene Erlaubnis erhalten. Bald paddelten sie umher, lachten und hatten einen Heidenspaß. Die drei Unzertrennlichen lagen fortwährend miteinander im Wettstreit, sie stritten, wer am schnellsten lief, am lautesten mit der Peitsche knallte, die meisten Seehunde erlegte, wer beim Steinwurf am besten zielte und wessen Hundegespann am besten dressiert und im Rennen am schnellsten war.

Dieses Mal hatte Angmak mit dem Wettstreit begonnen. «Ich kann schneller paddeln als ihr!», prahlte sie. Für sie war dies der richtige Sport, denn ihre starken Hände und Arme trieben das Kajak mit solcher Geschwindigkeit durch das Wasser, dass es am Bug nur so aufrauschte.

«Ich kann in Tuklaviks Boot genau so schnell fahren wie du!», rief ihr Salumo zu. «Es ist schmaler als deines und gleitet daher schneller dahin.»

Im nächsten Augenblick waren die beiden auch schon Seite an Seite und das Rennen begann.

«Los! Der Felsen da hinten ist das Ziel!», schrie Angmak, als sie das Paddel hob. Ihre schwarzen Augen blitzten, ganz aufgeregt war sie, und ihr lustiges Lachen hallte weit über die Wasserfläche. Sie war so kräftig und wagemutig, wie sie gutmütig war.

Die beiden Kajaks sausten schnell dahin. Tuklaviks Warnungen waren längst vergessen. Als sie das Ziel erreichten, verlangsamten sie etwas die Fahrt, kehrten um und paddelten nun so schnell sie konnten zum Ausgangspunkt ihres Wettrennens zurück. Eine kurze Strecke schossen sie auf gleicher Höhe dahin, dann gewann Salumo einen kleinen Vorsprung. Gleich darauf holte ihn Angmak ein und überholte ihn sogar. Nun aber legte sich Salumo ins Zeug und war wieder eine Bootslänge voraus. Vor sich sah er Supeali lässig im Kajak, sie hatte es nämlich gerne, langsam herumzufahren, den anderen zuzusehen und an dem Spaß der anderen ihre Freude zu haben. Eine kleine Strecke entfernt war Ittuk, der ebenfalls das Rennen verfolgte.

Als Salumo in die Nähe von Supeali kam, verlangsamte er die Fahrt, um sie nicht zu rammen, und paddelte sein Kajak in einem kleinen Kreis um sie herum. In diesem Augenblick hörte er, wie Ittuk einen Warnruf ausstieß und fast zu gleicher

Zeit Supeali angsterfüllt laut aufschrie. Er drehte sich um und sah gerade noch, wie Angmak ihrer Freundin Supeali in die Flanke fuhr. Im Nu kippte das Kajak um, und Supeali verschwand im Wasser. Gleich darauf tauchte ihr Kopf neben dem gekenterten Kajak auf.

Angmak war sofort umgekehrt, nachdem sie mit Supeali zusammengestoßen war, und nun paddelte sie wie wahnsinnig zu Supeali zurück, entsetzt über das, was sie angestellt hatte. Denn Supeali konnte ja ertrinken, ehe sie ihr zu Hilfe kam. Auch Ittuk paddelte schnell herbei, um ihr beizustehen. Die Leute standen hilflos am Ufer, weil alle Kajaks auf dem Meere draußen waren – das Umiak konnte nicht so schnell ins Wasser gelassen werden –, und so konnten sie ihnen nur ihre Ratschläge über das Wasser zurufen. Auch Tuklavik blieb nichts anderes übrig.

Angmak und Salumo erreichten gleichzeitig Supeali und packten sie an den Armen. Supeali hörte auf, wie wild um sich zu schlagen, und hielt sich verzweifelt an ihnen fest. Da das Wasser eiskalt war, klapperte sie schon nach wenigen Sekunden mit den Zähnen und rang nach Atem. Ihr Gesicht war vor Angst schneeweiß. Nun kam auch Ittuk herbei. Er machte keinen Versuch, sie in das Kajak hineinzuziehen, denn dadurch hätte er es zum Kentern gebracht und auch er wäre ins Wasser gefallen. «Halt dich mit deiner rechten Hand am Riemen meines Kajaks fest!», rief er ihr zu, «und pack mit der linken den Riemen von Salumos Boot!»

Supeali gelang es, die Riemen zu erwischen, die um die Mitte jedes Kajaks laufen.

«So, und jetzt lass nicht mehr los!», befahl ihr Ittuk.

So steuerten die zwei Boote mit Supeali, die zwischen beiden im Wasser hing, langsam dem Lande zu. Angmak folgte dicht dahinter.

«Wie kam es, dass du auf sie aufgefahren bist, Angmak?», fragte Salumo. «Sahst du sie denn nicht?»

«Nein!», antwortete Angmak kurz, der so elend zumute war, dass sie keine Lust zu mehr Worten verspürte.

Als die vier ans Land kamen, zogen die Männer das Mädchen aus dem Wasser, und da stand es nun triefend und zähneklappernd mit vor Kälte blauen Lippen am Ufer. Salumo sorgte dafür, dass Supeali zu ihrem Zelt geführt wurde und sofort trockene Kleider bekam. Arme kleine Supeali! dachte er, sie, die Freundlichste und Stillste von uns allen! Aber sie hat das Pech, immer in Schwierigkeiten zu kommen, an denen andere schuld sind.

Als die Kajaks an Land gezogen waren, wandte sich Tuklavik an Angmak: «Wie kam es, dass du Supealis Boot rammtest? Sahst du sie denn nicht?»

«Nein!», erwiderte sie und ließ den Kopf hängen. Salumo bemerkte, dass sie vor Angst zitterte, wusste sie doch, dass Tuklavik sehr streng sein konnte.

«Wie kam es, dass du sie nicht gesehen hast?», fuhr er in seinem Verhör fort. «Sie war doch direkt vor dir!»

Angmak antwortete so leise, dass man sie kaum hören konnte: «Ich fuhr mit geschlossenen Augen!»

Tuklavik schaute seine Tochter überrascht an. «Paddelt man vielleicht mit geschlossenen Augen?»

«Ich wollte mich sozusagen selbst überraschen und plötzlich sehen, wie weit ich gekommen war, wenn ich die Augen öffne», sagte sie langsam. «Ich bemerkte Supeali erst, als ich gegen sie prallte. Ich bin mit der Spitze meines Kajaks gegen sie gefahren, ich hätte sie töten können!», flüsterte sie und schauderte bei diesem Gedanken.

Die Umstehenden sahen, dass man Angmak wegen ihres dummen Streiches nicht besonders auszuschelten brauchte, denn sie war dafür schon mehr als genug bestraft. Alle wussten, dass ihr dieses Erlebnis eine Lehre für das ganze Leben sein würde.

Tuklavik wandte sich nun an Ittuk und legte ihm seine kräftige Hand auf die Schulter. «Du hast gesunden Menschenverstand gezeigt, Ittuk. Du hast bei Supealis Rettung klug gehandelt, als du sie nicht auf dein Boot zogst. Du wirst ein tüchtiger Mann werden!»

Dann bemerkte er Salumo, der dabeistand, und seine Stirn legte sich in Falten. Schließlich breitete sich aber doch ein Lächeln über seine Gesichtszüge. «Wenigstens hat Salumo kein Loch in Tuklaviks Kajak gestoßen», sagte er, «und in der Nähe des Ufers ist er auch geblieben.»

An diesem Tag war allen der Wunsch nach Abenteuern vergangen. Alle drei Freunde gingen daher zu Supeali, um sie aufzuheitern und mit ihr zu spielen.

Ikkerra erlaubt sich einen Spaß

Umialik stand am Ufer und schaute auf die See hinaus. Sie suchte den weiten Himmel nach einem Zeichen für einen baldigen Witterungsumschlag ab. Mehrere Tage schon war die See um das Kap stürmisch bewegt, und die kleinen Eskimoboote konnten sich nicht hinauswagen.

Auch Tuklavik hielt es für klüger, bei so rauer See auf längere Kreuz- und Querfahrten mit seinem Umiak zu verzichten.

In der Bucht war es zwar ruhig, aber die Jagd brachte trotzdem wenig ein. Selten ließ sich ein Seehund blicken, und nach den ersten Schüssen, die in der Stille laut widerhallten, brachten sich auch die erschreckten Vögel und Enten in Sicherheit. Die Leute waren hungrig, und die See ging hoch.

Jeden Morgen fuhren die Männer in ihren Kajaks hinaus und hofften einen Seehund zu erlegen. Still und stumm trieben sie auf dem Wasser umher, der einzige Laut, der zu vernehmen war, kam von dem Wasser, das von den Paddeln tropfte. Tauchte wirklich ein Seehund auf, so war er viel zu weit weg. So kehrten die Jäger jeden Tag entmutigt und mit leeren Händen zurück.

Jeder war ungeduldig und missmutig. Seit Tagen hatte man schon kein Fleisch mehr auf der Zunge verspürt, und die kleinen Kinder weinten vor Hunger. Aber Ikkerra brachte es immer wieder fertig, ihnen in diesen bösen Tagen Mut einzuflößen. Er neckte Salumo und seine Freunde und trieb mit ihnen seinen Spaß.

Ikkerra lebte sorglos in den Tag hinein. Gab es zu essen, dann freute er sich, gab es nichts, dann zweifelte er keinen Augenblick, dass die schlechte Zeit bald vorbei sein werde. Er nahm den Tag, wie er kam, immer von der besten Seite. Obgleich er gerne hänselte, hatten ihn doch alle wegen seiner Narreteien gerne.

Die Leute hatten sich zum größten Teil von Konodschoks ernährt, obwohl niemand diese hässlichen, schmutzigen Fische besonders schätzte. Es war abscheulich, sie zu essen, denn sie hatten scharfe Gräten und schmeckten dazu nicht einmal gut. Es war aber immerhin etwas, wenn der Magen leer war, und die Hunde hielten mit dieser Nahrung lange durch. Deshalb steuerten die Männer ihre Kajaks in die seichten Buchten und verbrachten ganze Vormittage damit, auf und ab zu fahren und die Fische mit den langen, dreizinkigen Speeren zu stechen.

Ittuk und Salumo und auch die zwei Mädchen halfen in diesen schweren Tagen, wo immer sie konnten. Zusammen gingen sie zum Strand hinunter und versteckten sich mit ihren Speeren hinter den Felsen, immer in der Hoffnung, dass in der Nähe des Ufers ein Seehund seinen Kopf aus dem Wasser heben würde.

An einem Nachmittag entschloss sich Ikkerra, wieder auf die Jagd zu gehen, um vielleicht doch einen Seehund zu erlegen, denn inzwischen gab es keinen unter ihnen mehr, dem beim Anblick der Konodschoks nicht übel geworden wäre. Dieses Mal fuhr er mit seinem Kajak weit hinaus auf den ziemlich hoch gehenden Wellen, bis schließlich die See so rau wurde, dass er beidrehen musste. Lange Zeit trieb er hin und her, kam außer Sicht und tauchte nach einiger Zeit wieder im Blickfeld der ihn beobachtenden Frauen und Männer auf. Aber es wollte einfach kein Seehund die Nase zum Wasser herausstrecken. Schließlich gingen alle Leute, die am Ufer standen und ihn beobachtet hatten, wieder zu ihrer Arbeit zurück.

Lange Zeit blieb alles ruhig, dann hörte man in der weiten Stille einen Gewehrschuss. Das konnte nur heißen: Ikkerra hatte einen Seehund getötet. Männer, Frauen und Kinder ließen ihre Arbeit liegen und rannten zum Strand hinunter.

Salumo und seine drei Freunde standen im Schutze der Felsen und schauten auf die Bucht hinaus. Da sahen sie Ikkerra, wie er so schnell dahinpaddelte, dass das Wasser am Bug nur so aufschäumte.

«Er hat einen Seehund erlegt! Er hat einen Seehund erlegt!», rief Angmak ganz aufgeregt.

«Er muss auf ziemlich weite Entfernung geschossen haben», erklärte Ittuk, «denn er legt mit seinem Kajak eine ordentliche Strecke zurück, um seine Beute zu holen.»

«Ach», seufzte Supeali, «hoffentlich bringt er uns Nahrung.» Sie war zarter als die anderen, und bei ihr sah man die Wirkung der letzten Hungertage besonders deutlich.

Aller Augen waren auf Ikkerra gerichtet, und Freudenschreie wurden laut. Es war kein Zweifel mehr, er hatte einen Seehund erbeutet. Sie beobachteten, wie er sich über den Rand des Kajaks beugte, seinen Speer packte und ihn kräftig auf das Meer hinausschleuderte.

«Er hat ihn! Er hat ihn!», schrie Salumo, denn jetzt bemerkten alle, wie Ikkerra die Leine einholte, die am Wurfspieß befestigt war, der nun im Körper des Seehundes steckte. Salumo konnte sich recht gut vorstellen, wie sich der Seehund vor Schmerz im Wasser wand und wegzuschwimmen trachtete. Aber Ikkerra ließ ihn bestimmt nicht entkommen!

Die Leute am Ufer verfolgten jede Bewegung, die Ikkerra machte. «Schaut, jetzt hat er den Avatak befestigt», sagte einer. Das ist eine große, aufgeblasene Seehundshaut, die der Jäger an der Wurfleine befestigt und als Boje benutzt, damit der Seehund nicht untergehen kann.

Nun paddelte Ikkerra dem Land zu und hielt nach einer Weile an, um seinen Speer zu ergreifen. Hinter ihm am Ende der Leine konnte man einen dunklen Gegenstand sehen, der im Wasser auf und ab tanzte – offenbar der Kopf des Seehundes.

Dann schleuderte Ikkerra seinen Speer noch einmal, und es schien, als ob er damit den Kopf durchbohrt hätte.

«Es muss ein sehr großer Seehund sein», stellte Angmak fest, «das kann man aus seinem Verhalten schließen.»

«Schau, wie langsam er paddelt und wie weit er ausholt!», sagte Supeali. «Es muss wirklich ein großes Tier sein, an dem werden wir alle satt.»

«Wenn man ihn so sieht, wie er zieht und zerrt», sagte Ittuk, «dann könnte man denken, es sei sogar ein Wal.»

Nun konnte man hören wie Ikkerra «Heinii! Heinii!» rief, als ob er über seinen Fang sehr glücklich wäre.

«Kommt, laufen wir zum Wasser hinunter!», schrie Salumo, und sie liefen hinab und stellten sich zu den anderen, die bereits auf Ikkerra warteten.

Die Leute waren so aufgeregt, dass sie kaum erwarten konnten, bis Ikkerra anlegte. Sie sprangen vor Ungeduld in die Höhe und brachen in Jubelrufe aus. Als sich Ikkerras Boot endlich dem Ufer näherte, hob er den Blick und schaute die Leute an und lächelte, aber nicht ein einziges Wort kam über seine Lippen. Als das Boot auf den Strand auflief, tat er erstaunt und fragte: «Was ist denn los? Worüber freut ihr euch denn?»

«Ein Seehund! Ein Seehund!», schrie alles durcheinander.

«Was für ein Seehund?», fragte er, und das Lächeln wich aus seinem Gesicht.

Nun packte Tuklavik die Leine, machte sie von Ikkerras Boot los und holte sie ein, während alle gespannt zuschauten. An ihrem Ende war nichts als ein altes, zusammengebündeltes Seehundfell, in dem der Speer steckte.

«Warum hast du das getan?», fragte Tuklavik ernst.

«Ja, warum hast du uns zum Narren gehalten?», schrien die anderen.

Ikkerra fing zu lachen an. «Ikkerra hat schon seit unendlich langer Zeit keinen Seehund mehr erlegt!»

«Aber du tatest doch so, als ob du einen gefangen hättest.»

«Nun, das hier ist der Seehund!», grinste er.

«Wenn das ein Seehund sein soll, wo ist dann das Fleisch?»,

fragte Umialik missbilligend und stellte sich breit vor ihn hin. Hatte er nicht wie ein dummer Junge gehandelt?

«Ei, das habe ich schon längst gegessen», gab er zur Antwort und rieb sich sein Bäuchlein. Ikkerra freute sich immer mehr über seinen Streich, und je mehr die Leute mit ihm schimpften, desto mehr lachte er.

Da wurden seine Freunde so gegen ihn aufgebracht, dass sie ihn am liebsten ins Wasser geworfen hätten.

Als die anderen zu schimpfen aufgehört hatten, kam seine Frau und begann: «Du hast alle zum Narren gehalten; auch die Kinder dachten, du hättest einen Seehund geschossen, und nun sind sie hungrig, und du hast sie enttäuscht.»

«O du liebe Zeit!», rief Ikkerra aus. «Was ich auch tue, immer werde ich gescholten. Ich darf überhaupt keinen Spaß haben, ich armer Ikkerra!» Und er setzte sich auf einen Stein, verbarg das Gesicht in den Händen und tat, als ob er weinte.

Er sah dabei so komisch aus, dass die ganze Schar der Hungernden unwillkürlich zu lachen anfing. Ikkerra stimmte in das Gelächter ein, ja, er lachte sogar am lautesten von allen, so freute er sich, dass er alle hereingelegt hatte. Aber alle gingen am Abend hungrig zu Bett, auch Ikkerra. Sein Witz half auch ihm nicht über den Hunger hinweg.

Am nächsten Tag fuhr er wieder zum Jagen aufs Meer hinaus. Und wieder machte er dieselben Bewegungen wie am Tage vorher.

«Glaubt er vielleicht, er kann uns noch mal zum Narren halten?», sagte Tuklaviks Frau zu den anderen, als sie beisammen saßen und die Kleider und Stiefel ihrer Familien ausbesserten.

Als daher Ikkerra ans Ufer heranpaddelte und einen dunklen Gegenstand hinter sich herzog, kam ihm auch nicht eine einzige Seele entgegen. Er rief und schrie den Leuten zu, sie möchten zu ihm herunterkommen und seinen Fang ansehen. Aber niemand würdigte ihn einer Antwort.

Umialik jedoch hatte vor ihrem Zelt den ganzen Vorgang beobachtet. Und da sie mit Ikkerra seit langer Zeit befreundet war und ihn genau kannte, wusste sie, dass er seinen faulen Spaß vom Tage vorher nicht wiederholen werde. Als er landete, lief sie zu allen im Zeltlager und rief fröhlich: «Ikkerra hat einen Seehund erlegt! Einen Seehund! Jetzt gibt es frisches Fleisch!» Nun liefen alle ans Ufer hinunter und waren froh, dass gerade Ikkerra dieses Jagdglück gehabt hatte, wussten sie doch, dass er sich schließlich seines Streiches geschämt hatte und es daher für ihn eine große Freude war, diesen Leckerbissen mit ihnen zu teilen.

Abends, als das Fleisch verteilt war, befanden sich alle in fröhlichster Stimmung. Die Hunde waren gefüttert, und jeder ging mit vollem Magen zu Bett. Am nächsten Tag jammerte und stöhnte Ikkerra noch immer, während er sich die Hände auf den Magen legte. «Oh, oh, oh! Mir tut mein Bauch weh!», klagte er. «So lange bin ich mit leerem Magen herumgelaufen, dass mir jetzt das Essen nicht bekommt. Oh, oh, oh!»

Ein neuer Gast

Noch stand die Sonne tief am Horizont und verlieh dem Wasser einen silberhellen Schein, als Umialik aus dem Zelt trat und ihre Blicke aufmerksam über die weite See gleiten ließ. Die Bucht lag vollständig ruhig da, nur gegen das Ufer schäumte das Wasser zornig an: eine tiefe Strömung brandete unter dem Wasserspiegel gegen die Uferfelsen und die vorgelagerten Riffe.

Als Tuklavik sie so stehen sah, ging er zu ihr hinüber und sagte: «Ich hatte gehofft, dass wir heute mit dem Umiak um das Kap fahren könnten. Dort ist die Jagd wahrscheinlich besser, aber es rollt schwere, tiefe See herein.»

«Ami-lang!», antwortete Umialik. «Die See geht zwar hoch, wenn wir uns aber weit genug von den Felsen entfernt halten, könnten wir das Boot um das Kap bringen, denn es weht nur ein schwacher Wind.»

So entschlossen sie sich dazu, keine Zeit zu verlieren und aufzubrechen. Die Besitzer der auf den Gestellen lagernden Kajaks waren nun auch eingetroffen. Alle warteten darauf, in Tuklaviks Umiak an dem alljährlichen Jagdzug teilzunehmen. Sie fingen daher an, ihre Habseligkeiten zu packen und die Zelte abzubrechen.

Alle schauten dieser Jagdfahrt erwartungsvoll entgegen. Sie bedeutete schwere Arbeit für die Frauen, war doch das Umiak das Frauenboot, und die schweren Ruder wurden von Frauen bedient. Aber sie freuten sich, keine schweren Lasten tragen zu müssen und in Gesellschaft von alten Freunden zu sein.

Als Umialik einen Haufen Nekko zu einem Bündel verschnürte, nahm sich Salumo ein Stück.

«Hast du denn Hunger?», fragte ihn Umialik.

«Ja, Ananak», gab er zur Antwort.

«Dann iss nur!», erwiderte Umialik. «Aber erinnere dich immer – nie sollst du mehr essen, als du brauchst, um deinen Hunger zu stillen.»

Das Nekko war gut ausgetrocknet, und Salumo freute sich, wenn es zwischen den Zähnen knirschte und während des Kauens im Mund zerbröckelte. Zu gern hätte er noch ein Stück genommen, aber Umialik schaute ihn an und schüttelte verneinend den Kopf.

Gerade in diesem Augenblick kam Angmak in das Zelt und sagte: «Seid ihr denn noch nicht bereit? Wir sind mit dem Packen schon längst fertig und haben schon alles zum Boot hinabgetragen. Dein Zelt ist noch nicht einmal abgebrochen!»

«Willst du nicht ein Stück Nekko?», fragte Salumo.

«Danke, ich habe bereits welches gegessen. – Los, Salumo!»

Die beiden verließen also das Zelt und liefen zum Boot hinab.

Die Kinder waren bei dem Gedanken an die erste Bootsfahrt in diesem Jahre ganz aufgeregt. Unaufhörlich rannten sie hin und her und trugen ihre Bettfelle und Kleidersäcke zum Boot.

Ittuks Mutter war noch nicht ans Ufer hinuntergegangen, auch ihr Zelt stand noch. Während Umialik indessen ihr Zelt abbrach, kam eine der Frauen zu ihr und flüsterte ihr etwas ins Ohr. – Ittuks Mutter bedurfte ihrer. Sofort unterbrach Umialik ihre Arbeit, ging schnell zum anderen Zelt hinüber und verschwand darin.

Während die Leute auf die beiden Frauen warteten, machten sie sich am Umiak zu schaffen. Die Zeltfelle wurden auf dem Boden des Bootes ausgebreitet und lieferten so ein weiches Bett für die kleinen Kinder. Dann kamen die Bündel daran. Suatsuak und Tuklavik standen im Boot, nahmen sie in Empfang und verstauten sie geschickt unter den Sitzen, so dass sie nicht im Wege waren und bei hohem Seegang nicht ins Rutschen kommen konnten.

Schließlich war alles fertig, aber immer noch fehlten die beiden Frauen. Suatsuak und einige Männer entschlossen sich deshalb, vorauszufahren und nach Seehunden Ausschau zu halten. So sprangen sie denn in ihre Kajaks und fuhren los.

Salumo und die beiden Mädchen hatten die Köpfe zusammengesteckt und tuschelten eifrig miteinander. Sie wollten eines der großen Ruder für sich allein haben, damit sie beim Rudern beieinander sein konnten. Als Supealis Mutter zum Strand herunterkam, sprangen die beiden sofort auf sie zu und bettelten um die Erlaubnis.

«Ihr treibt ja doch nur Unsinn, anstatt zu rudern», wehrte Mutter Nepescha ab.

«Nein, bestimmt nicht, wir werden uns fest ins Zeug legen», erwiderte Salumo.

«Und ich werde so kräftig rudern, dass sich das Holz biegt!», rief Angmak lachend.

So gab denn Nepescha schließlich die Erlaubnis, und die Mädchen und Salumo krabbelten hinein und nahmen ihre Plätze ein.

Es waren im ganzen vier Ruder, zwei auf jeder Seite, und sie waren lang und schwer. Gewöhnlich saßen vier Frauen an einem Ruder, zwei zum Stoßen und zwei zum Ziehen.

Ittuk war schon im Boot. «Ich werde an dem Ruder mithelfen, an dem meine Mutter sitzt», sagte er.

In diesem Augenblick verließ Ittuks Mutter das Zelt. Langsam kam sie heruntergestiegen, um sich der am Boot auf sie wartenden Gruppe anzuschließen. Ihr ganzes Gesicht strahlte vor Freude. Die vier Kinder staunten sie überrascht an, denn Ittuks Mutter trug einen Säugling in der Kapuze auf dem Rücken. Über ihrer Schulter konnten sie das kleine, rötliche Gesichtchen des schlafenden Kindes sehen, als sie es stolz den sich um sie Versammelnden zeigte, damit sie das Neugeborene bewundern möchten.

Nur Ittuk schaute verdrossen drein. «Was soll denn das?»,

fragte er. «Du kannst das Ding da doch nicht auf dem Rücken tragen, wenn wir auf Karibujagd gehen. Du hast ja schon dein schweres Bündel zu tragen. Gib es zurück, woher du es auch hast!»

Die Mädchen bogen sich vor Lachen.

Als Ittuk sah, wie sich die Mädchen vor Lachen schüttelten, brummte er: «Worüber lacht ihr denn?» Er schaute nun Salumo an, ob auch er lache. Aber Salumo war so erstaunt, dass er den Mund nicht aufbrachte – so staunte denn auch er schweigend das kleine, komische Gesichtchen in der Kapuze an.

«Wir lachen über dich!», riefen die Mädchen und kicherten, «weil du von deiner Mutter verlangst, dass sie euer Kind weggeben soll.»

«Das ist nicht unser Kind. Außerdem kann meine Mutter nicht noch ein Bündel tragen, wenn wir auf die Jagd gehen.»

Die Frauen lächelten und halfen Umialik, als sie die Zelte zum Ufer hinabtrug und ins Boot legte.

Endlich waren alle Frauen im Boot. Sie hatten sich darüber geeinigt, wer die Ruder handhaben sollte. Nun kletterte Umialik achtern in das Boot und nahm das große, schwere Ruder in die Hand, mit dem sie steuern musste. Es war wahrhaftig keine leichte Aufgabe, den ganzen Tag dort zu stehen und das schwere Steuerruder zu führen, damit das Boot den rechten Kurs einhielt. Nur ein Mensch mit starken Schultern und unermüdlichen Armen konnte das Umiak lenken.

Die Hunde winselten und versuchten in das Boot zu klettern, aber sie wurden daran gehindert. Als dann das Umiak abstieß und langsam die Küste entlangfuhr, folgten die Hunde am Ufer und verloren es nicht aus den Augen. Die Männer, die nicht vorausgefahren waren, sprangen jetzt in ihre Kajaks und verteilten sich auf der ganzen Wasserfläche. Das große Umiak kam nur langsam vorwärts, und so hatten die Männer Zeit genug, während der Fahrt Jagd auf Seehunde zu machen.

Einmal hörte Umialik auf, das Boot zu steuern. «Seid

ruhig», flüsterte sie ihnen zu, «ich glaube, Tuklavik sieht einen Seehund!» Da ließen sie die Ruder ins Wasser hängen.

Alle schauten nun gespannt in die Bucht hinaus, wo sich die Kajaks, eins hier, eins da, auf der weiten Wasserfläche herumtrieben. Tuklavik paddelte schnell auf etwas Rundes zu, das sich in einiger Entfernung auf dem Wasser zeigte – es war der Kopf eines Seehundes. Die Frauen schauten ängstlich zu den Hunden hinüber, die am Ufer entlangliefen. Sie fürchteten, die Tiere könnten Lärm machen und den Seehund verscheuchen. Nun hob Tuklavik das Gewehr. Gleich darauf hallte ein Schuss über die stillen Hügel. Auch die Hunde ließen sich nun mit ihrem Gebell vernehmen.

Tuklavik setzte das Gewehr ab und paddelte so schnell drauflos, dass sein Kajak nur so durch das Wasser schoss. Nun warf er den Speer, und die Frauen hörten seinen Ausruf, der allen verkündete, dass er den Seehund erlegt hatte. Andere Jäger antworteten fröhlich, denn die Beute eines Gefährten gehörte allen.

Nun schleppte Tuklavik seinen Seehund ans Ufer, um ihn auszuweiden. Während er das Tier abhäutete und das noch warme Fleisch auseinander schnitt, kamen die Hunde herbei und schauten ihm gierig zu. Sie kauerten sich zusammen und krochen winselnd und aufgeregt immer ein wenig näher. Sie waren aber alle gut erzogen, und ein streng gesprochenes Wort ließ sie wieder ein tüchtiges Stück zurückweichen, dann kauerten sie sich nieder und warteten mit geiferndem Maul auf das Wort, das ihnen erlauben würde, heranzukommen. Endlich, als Tuklavik alles Fleisch, das er brauchen konnte, herausgeschnitten hatte, gab er das Signal: «Attai!» Und nun stürzten sich die Hunde wie wild auf die Eingeweide, die Leber und die Nieren. Alles, was er für die Hunde bestimmt hatte, war von ihm vorher in kleine Stücke zerschnitten worden. Kurz darauf fuhr er mit seinem Kajak an dem sich langsam vorwärtsbewegenden Umiak vorbei und rief den Frauen

zu: «Für heute Abend haben wir Fleisch und Öl für die Lampen!»

Sie konnten sehen, dass das Kajak tiefer als gewöhnlich im Wasser lag: es musste ein mächtiger Seehund gewesen sein.

Und weiter ging die Fahrt. Die Hunde folgten wieder dem Boot am Ufer. Es wurde nicht viel gesprochen, denn die Rücken schmerzten. Die Hände der Frauen brannten vom Rudern, aber trotzdem legten sie keine Pause ein. Solange Umialik steuerte, drückten und zogen sie die schweren Ruder im Takt hin und her.

Supeali schaute sich ihre Handflächen an und fragte: «Salumo, sind deine Hände auch voll Blasen?»

Salumo zeigte ihr seine, auch er hatte schon zwei Blasen. Er meinte dazu: «An den ersten Tagen bekomme ich meist welche, aber nach einiger Zeit wird die Haut zäh und unempfindlich.»

Gerade jetzt war etwas am Ufer zu sehen, was die Aufmerksamkeit der Kinder wachrief. Ein schönes, auf Salz gieriges Karibu war von den Bergen herabgekommen, um am Seewasser zu nippen. Als es das Hundegebell und das durch die Ruder des Umiak verursachte Geräusch hörte, stand es einen Augenblick ruhig, aber fluchtbereit am Ufer. «Hier können wir nicht an Land gehen, das Meer ist zu unruhig», sagte Umialik, als einige Frauen nach den Gewehren griffen. So ruderten sie weiter.

Das Karibu hob sich mit seinem hoch gereckten Kopf und seinem großen Geweih scharf vom Himmel ab. Bewegungslos blickte es, mehr einem Standbild gleich als einem lebendigen Tier, in die Weite hinaus. Als die Hunde über den felsigen Strand rannten, um es zu stellen, sprang es leichtfüßig die Halde hinauf und verschwand im Nu.

Ittuk, der mit seiner Mutter das Ruder hin und her bewegte, hatte eine ganze Weile geschwiegen. Die Mädchen bemerkten jedoch, dass sein Blick oft auf dem schlafenden Säugling ruhte, der in der Kapuze seiner Mutter im Takt der Ruder hin und her geschaukelt wurde, auch passte er auf alles auf, was die Frauen von Zeit zu Zeit über das kleine Kind sagten. Das bemerkte Salumo, und er neckte Ittuk: «Du willst das Kleine doch gar nicht haben! Du willst es ja weggeben. Du weißt noch nicht einmal, ob es ein Brüderchen oder ein Schwesterchen ist.»

Ittuk verschlug es nun die Stimme, und er schaute seine Mutter an, er wusste es tatsächlich nicht.

Seine Mutter erwiderte seinen Blick, ließ das Ruder einen Augenblick ruhen und sprach freundlich: «Ittuk, es ist eine kleine Schwester. Sie wird einmal deine Spielgenossin sein.»

«Hast du es gehört?», rief nun Ittuk zu Salumo hinüber. «Es ist meine Schwester, ich habe eine Schwester, hast du es gehört?»

Alle lachten, und damit war die Unterhaltung beendet. Ittuk schloss von nun an den kleinen neuen Gast in sein Herz und fühlte sich als sein treuer Beschützer.

Sturm am Kap

Während Umialik steuerte, hatte sie die Hunde beobachtet. Manchmal, wenn sie dem zerklüfteten Ufer nicht folgen konnten, rannten sie über die hinter den Uferfelsen liegenden Hänge.

An einigen Stellen traten die Felsen bis dicht an das Ufer heran, dann blieb ihnen nichts anderes übrig, als sich einen anderen Weg zu suchen. Nun aber jagten sie auf dem sandigen Ufer dahin, und Umialik konnte sie zählen.

«Ich glaube, wir haben ein paar Hunde verloren», sagte sie «nach meiner Zählung fehlen welche.»

Salumo, nun auf die Hunde aufmerksam gemacht, schaute jetzt auch hinüber und zählte seine eigenen. Da waren wohl Sokkotuk und Apoti, aber wo war Mannik? «Ich sehe mein schwarzes Hündchen nicht!», rief er plötzlich.

«Sollen wir landen und Ausschau danach halten?», fragte eine der Frauen. «Vielleicht fehlen noch mehr.»

«Ja», erwiderte Umialik, «wir gehen an Land.» Und schon hielt sie nach einem guten Landeplatz Ausschau.

Als das Boot auflief, sprangen die Hunde freudig um die Frauen herum. Nun zählte jede Familie, ob ihr Gespann noch vollzählig war. Außer Mannik, Salumos schwarzem Hund, hatten sich alle eingefunden.

«Ich gehe am Ufer zurück und suche ihn!», rief Salumo besorgt. Er kletterte sofort auf einen hohen Felsen und lauschte, aber nichts war zu hören.

«Mannik, Mannik!», hallte sein Ruf über das öde und raue Felsengelände.

Nach langem Suchen hörte er ein schwaches Winseln. Er

folgte ihm und kam zu einer Spalte, auf deren Grund er den vermissten Hund entdeckte. Die Felswände um ihn herum waren so steil und glatt, dass er nicht mehr herausgekommen war.

Salumo jedoch fand einen Halt für seine Füße, bald war er unten. Sein Mannik wedelte vor Freude lebhaft mit dem Schwanz. Dann nahm Salumo sein Hündchen auf die Arme und stieg aus dem Spalt heraus.

«Wahrscheinlich hast du, kleiner Mannik, versucht, mit den großen Hunden über den Spalt hinwegzusetzen. Du musst aber bedenken, dass deine Beine kürzer sind und du noch nicht so große Sprünge machen kannst», redete Salumo auf ihn ein. «Lass dir das eine Lehre sein, es könnte auch sein, dass dein Salumo nicht da ist und dich nicht retten kann.» Und er streichelte Manniks Kopf zärtlich, als er ihn auf den Boden setzte.

Der junge Hund bellte vor lauter Freude, leckte seinem Herrn die Hand und tollte um ihn herum den Abhang hinunter.

Die Männer waren inzwischen in ihren Kajaks um das Kap herumgefahren. Nun kam Tuklavik zurück. Umialik, die mit Sorge sah, wie die See immer höher ging, war nicht überrascht, als er den Frauen zurief: «Ihr habt eine raue See vor euch. Ihr müsst gewaltig aufpassen, sonst werdet ihr an die Küste getrieben. Vielleicht ist es besser, hier zu bleiben!» Aus seiner Stimme klang ernste Besorgnis.

«Das hier ist aber kein guter Platz zum Lagern!», rief Umialik zurück. «Es ist nirgends eben, und da kann man kein Zelt aufschlagen. Wir wollen deshalb so weit wie möglich kommen. Wenn das Wetter zu schlecht wird, kehren wir einfach um!»

«Ami-lang!», antwortete Tuklavik. Er vertraute auf Umialiks Urteil und ihre kluge Führung. Aber trotzdem fuhr er nicht ab, ohne ein warnendes Wort hinzuzufügen: «Passt mir gut auf! Sobald ihr um das Kap fahrt, bekommt ihr schwere See.»

Umialik nickte, dann ließ sie die Zelte über die Ladung ausbreiten, damit durch das Spritzwasser kein Schaden verursacht würde. «Ihr drei Kleinen, ihr verteilt euch unter die Erwachsenen, damit euch sofort geholfen werden kann, wenn Wasser eindringen sollte», sagte sie zu Salumo und den beiden Mädchen.

Es gab daher einen allgemeinen Platzwechsel, als sich alle zur Fahrt um das Kap bereitmachten.

Bevor abgefahren wurde, forderte Umialik die Frauen auf, einige gute Taue auf der Innenseite des Bootes zu befestigen und sie gebrauchsfertig aufzuwickeln.

Alles ging gut, bis sie das Kap erreichten. Da aber kamen sie plötzlich in hohen Seegang, der die Wogen gegen das Ufer peitschte. Das große Umiak stampfte und rollte. Die Frauen hängten sich mit ihrer ganzen Kraft an die Ruder, drückten und zogen sie hin und her, aber trotz allem konnten sie auch nicht einen Schritt vorwärts kommen, die tief gehenden Wellen warfen sie immer wieder zurück.

Das Rauschen der am Ufer aufschlagenden Brecher war so mächtig, dass Umialiks Anordnungen fast verhallten. Als sie eine etwas geschützte Bucht erblickte, drehte sie das Boot in diese Richtung und befahl vier Frauen, in das Wasser zu springen, die bereitgelegten Taue hinter sich herzuziehen und vom Ufer aus das Umiak weiterzuschleppen. Während es sich hin und her drehte und tief in den Wellentälern versank, ließen die Frauen die Taue über ihre Schultern abrollen und hielten die Enden fest in der Hand. Dann kämpften sie sich durch das schäumende Wasser. Vorsichtig mussten sie sich bewegen, weil der mit Felsstücken bedeckte Boden glitschig war; nur zu leicht konnten sie ausrutschen. Am Ufer angekommen, wandten sie sich in Richtung auf das Kap und zogen das Schiff hinter sich her. Bei diesem Unwetter ein Umiak

zu treideln, war eine harte Arbeit. Mit ihrer ganzen Kraft hängten sie sich tief gebeugt an die straff gespannten Taue und stampften Schritt für Schritt dahin. Manches Mal stolperten sie über trügerisch unter dem Meeresspiegel liegende Felsen, und dann gingen die Wellen über sie hinweg.

Die Frauen im Boot mussten sich anbinden und ihre Ruder als Stangen gebrauchen, um es von den gefährlichen Felsen fern zu halten, die in das Meer hinausragten. Trotzdem schleuderten die Wogen das Umiak ein paarmal mit solcher Wucht gegen die Felsen, dass alle Angst hatten, es würde in tausend Stücke zerschellen. Der eisige Gischt, der vom Wind in die Luft gepeitscht wurde, spritzte in das Boot – und nach kurzer Zeit waren die Frauen und die Ladung patschnass. Niemand sprach mehr, nur Umialiks Anordnungen waren vernehmbar. Dann und wann sprang eine Frau auf, um einer anderen zu helfen, wenn ein Ruder auf dem schlüpfrigen Gestein ausrutschte und die Frau, die es handhabte, fast das Übergewicht bekam. Aber unentwegt kämpften sie gegen die wütenden Elemente an.

Tuklavik paddelte mit seinem Kajak die ganze Zeit in der Nähe und behielt das Umiak fest im Auge. Schließlich war aber doch das Kap umschifft, und von da ab ließ das Gebrüll der See etwas nach, wenn sie auch immer noch gegen die Felsen anstürmte. Die Ruder wurden eingehängt, und die Frauen fingen wieder zu rudern an.

Es war nicht ganz ungefährlich, an dieser zerklüfteten Küste zu landen, deshalb gab Umialik den Plan auf, die vier Frauen wieder ins Boot zu nehmen. Diese ließen daher die Taue los, und zusammen mit den Hunden gingen sie so lange am Ufer entlang, bis sie in einer geschützten Bucht wieder zu Umialik und den anderen Frauen stoßen würden.

Schließlich hatte Umialik eine ruhige Bucht entdeckt, die von den hohen Wellen kaum mehr erreicht wurde. Nur der wilde Lärm der Wogen, der noch von draußen hereindrang, erinnerte die Frauen daran, dass auch jetzt die Gefahr nicht ganz vorüber sei.

Die Männer, die bereits ihre Kajaks auf das trockene Land gezogen hatten, halfen den erschöpften Frauen aus dem Boot.

Suatsuak war überrascht, als sein Blick auf seine Frau fiel. Während sie ihm das kleine Gesichtchen zeigte, das aus der Kapuze herausschaute, lachte sie ihn freudig an.

«Iijaah!», rief er vor Freude aus und zeigte auf sein winziges Töchterlein. «Ein Gast ist bei uns eingekehrt!» Und er rief noch einmal «Iijaah!»

Die anderen Männer stimmten fröhlich lachend in die allgemeine Freude über das Neugeborene ein.

Umialik lächelte freundlich, als sie zu dem Bug des Schiffes schritt, um ebenfalls auszusteigen. Dann sagte sie und blickte dabei zu Ittuk hinüber: «Ami-lang! Wenn es nicht wegen des Babys gewesen wäre, hätten wir das Umiak wohl nicht um das Kap gebracht. Die Kleine machte Ittuk so glücklich, und da hängte sich dein großer, starker Bursche so ans Ruder, dass es eine Lust war, ihm zuzusehen.»

Umialiks Lob gab Ittuk sein Selbstvertrauen wieder. Er hatte vor ihr immer ein bisschen Scheu empfunden, denn sie war stets ruhig und ein wenig ernst. Nun würde sich auch niemand mehr daran erinnern, dass er zuerst sein Schwesterchen nicht gerne gehabt hatte.

Als das Umiak leer war, kamen auch die vier Frauen todmüde an den Lagerplatz. Die Hunde waren ebenfalls alle eingetrudelt. Nachdem die Zelte aufgestellt, die Pelzdecken ausgebreitet und die Betten gemacht waren, rief Ittuk seine drei Freunde zu sich und sagte zu ihnen: «Kommt und seht unser kleines Kindchen an! Es hat stramme Beine und kann sie auch gebrauchen! Kommt und seht!»

Alle traten sie in Ittuks Zelt ein und beguckten sich das Schwesterchen, das weiche, daunige Schühlein aus flaumbesetztem Entenleder und ein hübsches Kleidchen anhatte.

Es sah so klein aus, guckte dabei aber so zufrieden drein, dass alle lachen mussten. Als sie hinausgingen, sahen sie gerade noch, wie Ittuks Mutter ihr Kind in Schlaf wiegte und dabei leise sang:

Du bist in deiner Mutter Hut, hm-m.
Mein Kind, du bist so gut, so gut, hm-m.
Weinst bitterlich, wenn kalt die Zeh, hm-m.
Schlaf, Kindchen, in das Traumland geh, hm-m.
Wir fahren heut so weit, so weit, hm-m.
Vielleicht ein Seehund wird zur Beut, hm-m.
Scht! Scht! Du musst ganz ruhig sein, hm-m.
Sonst kommt der weiße Bär herein, hm-m.
Nun ist mein Kind geschlafen ein, hm-m.

Als Salumo seiner Umialik erzählte, wie das Neugeborene angezogen sei, lächelte sie und sagte fast zärtlich: «Ami-lang, Ittuks Mutter fuhr letzten Sommer mehrere Male auf die Inseln hinüber, um diese hübschen Sachen zu bekommen. Deshalb steckt ihr Kleines jetzt auch so warm drin und ist so hübsch. Sie ist eine gute Mutter!»

In dieser Nacht waren die Eskimoleute von ganzem Herzen zufrieden – es war wirklich ein erfolgreicher Tag gewesen. Die wehen Rücken und die wunden Hände wurden von den Freuden des Tages überdeckt. Was hatte er ihnen nicht alles beschert: ein Kind, eine gut verlaufene Reise, als Beute einen Seehund und dazu noch eine Schutz gewährende Behausung.

Der König seiner Herde

Während vieler Sommertage kreuzten die Familien, die sich Tuklavik angeschlossen hatten, in seinem Umiak längs der Küste, um dem Seehund und anderen jagdbaren Tieren nachzustellen. Sie fuhren in die kleinen, ruhigen Buchten hinein, schlugen am Ufer ihre Zelte auf, blieben einige Tage und zogen dann wieder weiter. Manchmal ruderten sie auch zu den Inseln hinüber, um Enten und Enteneier zu bekommen oder Vögel zu schießen.

Schließlich kamen sie an die Tsche-ke-tá-luk-Bucht und ließen sich dort eine Weile nieder. Aber die Jagd war nicht so gut, wie man erwartet hatte, und Tuklavik glaubte, dass es besser wäre, wenn sich die Familien auf einige Zeit trennten und ihr Glück allein versuchten. Salumo war glücklich, als Umialik ihm sagte, dass sie mit Ittuks Familie auf die Karibujagd gehen würden. Suatsuak war davon überzeugt, dass sich auf den großen Ebenen des Inlandes ganze Herden herumtrieben.

«Wir werden da oben nur einige Male übernachten», erklärte sie, «deshalb lassen wir die Zelte hier. Tuklavik wird sich der Hunde annehmen. Hier unten können sie nach Konodschoks jagen und nach anderen kleinen Fischen. Salumo, nimm nur ein Karibufell, Kleider zum Wechseln, deine Flinte, dein Messer und etwas Nekko mit!»

So sagten sie Tuklavik und den anderen Lebewohl und brachen auf. Den ganzen Tag und auch den nächsten marschierten sie fast ohne Unterbrechung. Am dritten erspähte Suatsuak, als er von einem Hügel Ausschau hielt, eine Karibuherde, die auf der anderen Seite des Flusses graste.

«Wir müssen über den Fluss, aber das Wasser ist sehr tief», sagte er zu Umialik. «Es bleibt uns nichts anderes übrig, als eine gute Stelle zum Übersetzen zu suchen.»

«Ami-lang! Der Fluss ist aber breit und reißend», antwortete sie und schüttelte den Kopf.

Ittuk und Salumo folgten Umialik und Suatsuak, als sie am Ufer entlangschritten, um eine Furt zu finden. Das Wasser sah tief und dunkel aus. Schließlich kamen sie an eine Stelle, wo der Fluss breiter wurde. An den Steinen, die da und dort aus dem Wasser ragten, konnte man sehen, dass es hier seicht war.

«Nun haben wir schon lange gesucht», meinte Suatsuak, «bis zur nächsten günstigen Furt kann es noch weit sein. Probieren wir es doch hier!»

Umialik stimmte zu, obwohl sie nicht ohne Sorge auf das reißende Wasser blickte.

Ittuks Mutter hielt es für besser, zurückzubleiben und zu warten. Suatsuak nahm daher das Karibufell heraus, spannte es zwischen zwei Felsen als Dach und legte dann eines auf den Boden, damit sie sich daraufsetzen konnte, wenn sie nähte oder ihr Kind stillte. Sie befürchtete, dass die Kleine aufwachen und weinen könnte, denn die Karibus vernehmen den geringsten Laut, und einmal aufgescheucht, rasen sie davon, ohne dass die Jäger auch nur einen einzigen Schuss anbringen können.

Suatsuak stieg nun ins Wasser. «Ittuk und Salumo müssen Schritt für Schritt hinter Suatsuak gehen», riet Umialik. «Wenn ihr ausrutscht, werdet ihr vom Fluss mitgerissen und seid rettungslos verloren! Geht also langsam und vorsichtig!»

Die beiden Jungen folgten Suatsuak, den Schluss machte Umialik. Langsam tasteten sie sich von Stein zu Stein vorwärts. Das Wasser reichte ihnen bis an den Rand der hohen Stiefel. Der Gischt, der um die hervorstehenden Felsen brodelte, war unheimlich anzusehen.

Einmal verlor Salumo auf einem glitschigen Stein den Halt, aber Ittuk packte ihn blitzschnell und hielt ihn fest, bis er wieder Grund unter den Füßen hatte.

«Meine Stiefel sind voll Wasser», jammerte Salumo und schaute zu Umialik zurück.

«Scht! Sei still!», antwortete Umialik leise. «Du frierst nicht, denn die Sonne scheint schön warm. Pass auf und geh wenigstens jetzt vorsichtiger! Ittuk, du bist ein flinkes Kerlchen, denn du hast Salumo sofort gepackt und gehalten, du wirst einmal ein großer Jäger.»

Schließlich waren sie glücklich auf die andere Seite des Flusses gelangt und den Karibus näher gekommen, die oben auf der Hochfläche grasten. Alle sprachen nur im Flüsterton, als sie das Flussufer hinaufkletterten.

Umialik half Salumo, die Stiefel auszuziehen und das Wasser aus seinen Strümpfen aus Karibuhaut herauszudrücken. Er wusste, dass er trockene erst wieder bekommen würde, wenn er zu seinem Bündel zurückkehrte, das bei Ittuks Mutter lag.

«Salumo ist ein guter Jäger und nimmt alles so, wie es eben kommt. Es hätte viel schlimmer ausgehen können, hätte dich Ittuk nicht gepackt, denn dann wärest du im Wasser versunken, ehe ich dich erreicht hätte.»

Nach diesen Worten beklagte sich Salumo nicht mehr, als er die feuchten Schuhe und Strümpfe anzog.

Während Umialik Salumo half, waren Ittuk und sein Vater bis an den Rand des hohen Uferhanges emporgestiegen. Jetzt kamen sie gerade zurück. Ganz leise sagte Suatsuak zu ihnen: «Die Karibus sind noch dort – sieben Stück – und fressen eifrig Gras und Moos.»

«Können wir an sie herankommen?», fragte Umialik ebenso leise.

«Nicht ohne gesehen zu werden, auch wenn wir noch weit weg sind. Wir müssen sie getrennt anschleichen», sagte sie.

«Nimm du die beiden Jungen mit!», erwiderte Suatsuak, «bring sie an Plätze, wo die Karibus wahrscheinlich vorbeirennen werden. Ich werde indessen einen Bogen um die Herde schlagen und versuchen, zum Schuss zu kommen. Auf diese Weise treibe ich sie in eure Richtung, und ihr habt die Möglichkeit, einen Schuss anzubringen. Ich warte am besten, bis ihr eure Plätze eingenommen habt.»

«Ami-lang! Das ist ein kluger Vorschlag, dann also los!»

Als Ittuk und Salumo in einem geschickten Versteck lagen, verbarg sich auch Umialik in der Nähe hinter einem Felsen.

Salumo konnte die Karibus nicht sehen. Wenn sie aber durch diese Mulde laufen, überlegte er, müssen sie ganz dicht an mir vorüberkommen. Er spannte den Abzug seines Gewehres und überzeugte sich noch einmal, dass es wirklich geladen war. Er war voll Ungeduld, Spannung und Aufregung.

Plötzlich hörte man Suatsuaks Schuss, der laut in der großen Stille dröhnte. Sofort vernahm man auch den Tritt von eiligen Hufen: die Karibus rannten über die raue, felsige Hochebene. Salumos Herz pochte laut vor Aufregung. Jetzt kamen die Karibus auch schon in Sicht. Mit hoch erhobenen Köpfen und dampfenden Nüstern flohen sie erschreckt vor dem sie verfolgenden Menschen.

Salumo wählte sich sein Opfer aus, ehe es auf Schussweite herankam – es war ein Hirsch mit gewaltigem Geweih, gerade so einer wie der, den ihm Tuklavik auf sein Walrossbein gezeichnet hatte. Dieser aber, der jetzt voll Angst und zornentbrannt daherstürmte, war alles andere als ein Spielzeug. Schaum stand ihm vor dem Maul. Mit blitzenden Augen, weiß glänzenden Zähnen richtete er sich auf, die Vorderläufe streckte er von sich und schaute über die Schulter zurück, um zu sehen, ob die anderen folgten. Er wollte sie aus der Gefahr wegführen – der König seiner Herde.

Als Salumo den Hirsch unter dem Gedröhne seiner Hufe auf sich zurasen sah, senkte er den Lauf des Gewehres. Er

brachte es einfach nicht übers Herz, ihn niederzuschießen. Rette dich, du schönes Tier, flüsterte er und ließ ihn vorbei.

Als aber das zweite Karibu heranstürmte, zielte er und drückte auf den Abzug. Zu seiner Überraschung ertönte zu gleicher Zeit noch ein Schuss. Ittuk musste ebenfalls geschossen haben. Das braune Tier bäumte sich auf, dann fiel es zusammen und lag still. Einen Augenblick später dröhnte auch Umialiks Schuss und ein weiteres Tier lag am Boden. Die Übrigen der erschreckten Herde stampften im Sturmschritt vorbei und rasten, mit dem königlichen Hirsch als Anführer, dem Gebirge zu und entschwanden schnell den Blicken.

Suatsuak erreichte Umialik und die Jungen, als diese sich gerade um ihre Beute versammelten.

«Wir haben Fleisch!», rief er und lachte, denn er war über ihren Erfolg sehr erfreut.

«Hast du auch ein Karibu erlegt?», fragte ihn Umialik.

«Nein», antwortete er und schmunzelte, «ich konnte nicht nahe genug an sie herankommen, ohne gesehen zu werden. Deshalb schoss ich eine Kugel in den Sand, damit die Tiere in der Richtung flohen, wo ihr euch versteckt hattet.»

Zuerst machte man sich daran, das Tier abzuhäuten und das Fleisch zu zerlegen.

«Auf welches Karibu hast du denn geschossen, Ittuk?», fragte Salumo während der Arbeit.

«Auf dieses da», gab er zur Antwort.

«Ich schoss auch auf dieses», erwiderte Salumo überrascht. «Ich zielte nach dem Kopf.»

«Und ich aufs Herz», versicherte Ittuk.

Suatsuak hatte nun das Tier abgehäutet und sah sich die beiden Einschüsse an. «Ihr habt beide dieses Karibu getroffen», sagte er, «schaut nur die Einschüsse an! – Eine Kugel sitzt im Kopf und die andere im Herzen. Jeder der beiden Schüsse hätte ihm den Garaus gemacht. So habt ihr beide es also miteinander getötet.»

Umialik, die mit dem Abhäuten und Zerlegen des anderen Tieres beschäftigt war, kam nun zu ihnen herüber. Sie machte sich bereits Gedanken darüber, wie man das Fleisch auf die andere Seite des Flusses bringen könnte.

«Schau, Anának, Ittuk und ich haben dieses Karibu getötet», sagte Salumo stolz und deutete auf die beiden Einschüsse. «Wem gehört nun das Fell?»

«Ich habe auch eines erlegt», gab Umialik zur Antwort. «Nun haben wir ein Fell für eine warme Bettdecke. Dieses hier wollen wir Ittuk überlassen; dann kann seine Mutter eine schöne Decke für das Kleine machen. Das Fleisch gehört natürlich uns allen, aber die Felle verteilen wir so, dass jeder eines bekommt.»

«Neue Nadeln brauchen wir auch», sagte Suatsuak und nahm die dünnen kleinen Knochen aus den Fesseln des Tieres. Die Frauen würden sie später bearbeiten und glätten, um Nähnadeln daraus zu machen, kleine für die Perlenstickerei und große, um schwere Felle zu nähen. Jede Frau trug gewöhnlich mehrere dieser Nadeln in den Zöpfen mit sich.

«Ja, und Sehnen, um daraus Faden und eine feste Leine herzustellen», sagte Umialik und hielt bei diesen Worten das dicke weiße Bündel starker Fasern in die Höhe, die sie aus dem Rücken des Karibus herausgeschnitten hatte. «Ami-lang, heute haben wir Glück gehabt», und sie räusperte sich zufrieden.

Alle arbeiteten angestrengt und trugen dann die Felle und das Fleisch zum Fluss hinab. Dort wurde das zerlegte Fleisch auf die Felle geschichtet, fest zusammengerollt und mit einer Leine umschnürt.

«Ihr zwei Burschen geht voran!», befahl ihnen Umialik. Dann legte sie mit Suatsuak die Bündel in das Wasser. Jeder nahm ein Ende der Leine in die Hand, und so tasteten sie sich über die schlüpfrigen Felsblöcke zurück.

Endlich waren sie auf der anderen Seite, wo Ittuks Mutter auf sie wartete.

«Uuu-iii – Uuu-iii!», rief sie ihnen entgegen. Sie hatte die Schüsse gehört und freute sich, weil es jetzt wieder Fleisch – frisches Karibufleisch – gab und dazu noch Felle! «Uuu-iii – Uuu-iii – Uuuiii!», riefen sie zurück. «Uuuiii – Uuuiii!»

Der fröhliche Musikkasten

«Wir müssen jetzt unsere Siebensachen zusammenpacken und weiterziehen», erklärte Umialik. «Es ist höchste Zeit, dass wir zu unseren Zelten zurückkehren.»

«Ami-lang», stimmte Suatsuak zu, «hier ist nichts mehr zu erjagen. Die Karibus sind fort, und mehr Fleisch könnten wir gar nicht tragen.»

Die beiden Felle waren gereinigt und in der Sonne ausgebreitet worden. Einige Tage lang waren alle beschäftigt gewesen, das Fleisch in dünne, lange Streifen zu schneiden, damit es leicht trocknen konnte. Nun lag ein tüchtiger Stapel dieses leckeren Nekkos vor ihnen, und es war Zeit, zu den anderen zurückzukehren.

Umialik und Suatsuak verteilten die Felle und das Fleisch und packten die Bündel für ihren langen Marsch zur Küste. Ittuks Mutter machte die Rolle aus dem Pelz so geschickt zurecht, dass ihr Kind einen angenehmen Ruheplatz in ihrer Kapuze hatte.

Zwei Tage marschierten sie, gebeugt unter der Last der Häute und des Fleisches. Oft machten sie Halt, um ein wenig auszuruhen oder um Ittuks Mutter eine Gelegenheit zu geben, ihr Kind zu stillen oder seine Höschen zu wechseln. Die Lederriemen zerrten an ihren Armen und rieben sie auf, und der Rücken tat ihnen weh – aber sie schleppten sich tapfer weiter.

Endlich kam der Augenblick, als sie auf die große Bucht hinuntersahen und ihre Zelte in der Ebene erblickten. Da standen sie alle still und starrten verwundert etwas an – etwas ganz Unerwartetes. Da unten, jenseits der Zelte, draußen in der Bucht, schwamm ein Schiff – das große Schiff aus dem Lande jenseits des Wassers. Einen Augenblick verstummten sie vor Überraschung. Dann brach Suatsuak die Stille.

«Umiak-suak! Umiak-suak! Das große Schiff! Das große Schiff!», rief er ganz aufgeregt. «Das Umiak ist gekommen, heiu-heiiu!» Und er fing unter seiner wertvollen Last schwerfällig zu laufen an.

Ein solches Schiff war ein seltener Anblick. Nur einmal im Jahr kam es, wenn das Eis und die Eisberge in den Meerengen so selten geworden waren, dass sich ein Schiff in die Gegend wagen konnte. Die Eskimos konnten die Ankunft des Schiffes kaum erwarten, und lange nach seiner Abfahrt sprachen sie noch von dem großen Ereignis.

Suatsuak war voll Freude, dass es eingetroffen war. Er wollte die Fremden sehen – die Chablonák –, die mit dem Schiff gekommen waren. Und die Chablonák würden mit ihm Perlen und Munition gegen Pelze tauschen. Er brauchte zwar diese Dinge nicht besonders notwendig, aber er hatte eben Freude an diesen Tauschgeschäften. Immer war das Schiff gekommen, wenn er sich im Innern des Landes aufgehalten hatte, und ehe er an die Küste zurückkam, war es wieder abgefahren. Nun aber lag es in der Tsche-ke-tá-luk-Bucht in ruhigem Wasser vor Anker. Suatsuak stolperte voll Eifer und Ungeduld zur Küste hinab.

Umialik und die anderen folgten gemächlicher, aber auch ihre Blicke wurden von dem großen Schiff angezogen. Sie sahen den schwarzen Rauch, der aus dem Schornstein qualmte und einen dunklen Streifen am blauen Himmel zog, die Seeleute, die auf Deck hin- und hereilten, die drei Masten mit den vielen Rahen, das Wasser, das aus den Seiten des Schiffes heraussprudelte und schaumige Blasen warf, und schließlich die schweren Ketten, die mit ihren Ankern das Schiff festhielten.

Das war ein spannender Augenblick, besonders für Salumo. Zum ersten Mal sah er das Schiff. Seit Salumos Geburt war Umialik nicht mehr an die Küste gekommen, wenn das Schiff vor Anker ging. Gewöhnlich war sie um diese Jahreszeit im Hochland, um Karibus zu jagen. Denn sie war immer darauf bedacht, dass sie genug Sehnen zum Nähen ihrer Winterkleidung hatte. Viele Eskimos gingen auf die Seehundjagd und kamen erst bei Einbruch des Winters in die Gebiete der Karibus. Um diese Zeit war es schwer, noch Karibus ausfindig zu machen, weil die Tiere schon weit weg in die Berge abgewandert waren. Oft kamen die Frauen, die keine oder nicht genügend Sehnen gesammelt hatten, zu Umialik, um sich welche auszubitten, da man wusste, dass sie immer einen Vorrat hatte. In diesem Jahr aber war Umialik früher als gewöhnlich an die Küste zurückgekehrt.

«Das ist das Schiff der Chablonák, Salumo. Du wirst die Leute sehen, die uns die Gewehre bringen, mit denen wir den Nanuk und das Karibu töten», erklärte ihm Umialik, als sie weiterwanderten.

Salumo war recht froh, als sie endlich die Zelte erreicht hatten und er seine schwere Last abnehmen konnte. Sofort wollte er das Schiff aus der Nähe ansehen, aber er musste noch Umialik helfen. Erst als das getrocknete Fleisch aufbewahrt und die Felle, die später weich gemacht und bearbeitet werden sollten, auf die Seite gelegt worden waren, war er frei und konnte tun, was ihm beliebte.

Lange betrachtete er das Schiff aus der Ferne. Dann kam Ittuk und rief ihm zu: «Mein Vater holt die Felle und Walrosszähne, um damit ein Tauschgeschäft zu machen, die Leute kommen schon von überall her und wollen mit den Chablonák verhandeln.» Bei diesen Worten deutete er auf das Wasser hinaus, das mit Kajaks übersät war, die alle auf das Land zuhielten. Die Männer in den Booten ruderten aufgeregt hin und her, einige hielten längsseits des Schiffes und schrien ihren Willkommensgruß «Ak-su-si ai!» in freudiger

Stimmung den Männern zu, die sich über die Reling beugten.
Kajak um Kajak legte am Ufer an. Laut ging es zu, und Gelächter und Witze ertönten, als die Männer ans Ufer sprangen und die Häute und Stoßzähne ausluden.

Nun stieß ein Boot vom Dampfer ab: Der Kapitän wurde von einigen Matrosen seines Schiffes herübergerudert.

Salumos Kehle war vor Aufregung ganz trocken geworden, und sein Herz schlug laut.

«Komm doch, die tun dir nichts! Es sind gute Leute. Wir können sie von hier aus nicht hören, sie sprechen nicht unsere Sprache – nur ein paar Worte. Und du solltest sie hören, wenn sie untereinander sprechen! Das klingt ganz unverständlich!» Ittuk schüttelte sich vor Lachen, wenn er nur daran dachte, wie spaßig sie aussahen und wie komisch ihre Sprache war.

«Ich will sie wohl hören, aber ich will nicht, dass sie mich sehen», erwiderte Salumo. Dann schaute er zu einigen großen Felsblöcken hinüber und meinte: «Legen wir uns dahinter, da sehen sie uns nicht und wir sind doch nahe genug, sie zu hören. Los, los, ehe sie zu nahe herankommen und uns sehen!»

Schnell sprangen sie miteinander über die Felsen und legten sich dahinter platt auf den Bauch. So waren sie sicher vor Überraschungen, konnten aber zugleich genau beobachten, was vor sich ging. Sie sahen, wie Felle und Stoßzähne gegen Gewehre getauscht wurden. Auch Umialik war da mit einigen Fellen über dem Arm. Was wollte sie? Wahrscheinlich etwas Munition oder ein paar Perlen, um ihre Kleider damit zu verzieren – und ganz gewiss Tabak für ihre Pfeife.

«Schau nur!», flüsterte Salumo und deutete auf die Bärte der Matrosen. «Die Chablonák haben Haare im Gesicht! Warum hat der Kapitän so komische Borsten auf der Oberlippe? Die Gesichter unserer Männer sind doch ganz glatt!»

Ittuk nickte und grinste über Salumos Erstaunen: «Und horch bloß, wie die reden!»

Der Handel verlief unter viel freundlichem Geschnatter, wobei die Seeleute die paar Eskimowörter gebrauchten, die sie gelernt hatten. Ittuk und Salumo sahen einander an und kicherten leise. Als aber der komische Ikkerra mit seinen Säbelbeinen kam und bei den Chablonák seine wenigen englischen Wörter anwendete, platzten sie fast vor Lachen und mussten sich die Hand vor den Mund halten, sonst hätten sie sich verraten.

Sie waren froh, als das Boot schließlich abstieß und zum Schiff zurückkehrte. Nun konnten sie endlich nach Herzenslust loslachen. Sooft sie sich ansahen, platzten sie von neuem los und lachten, bis ihnen die Tränen über die Backen liefen. Dann strampelten sie sich auf die Füße und rannten weg. Diesen Spaß wollten sie sich in Zukunft nicht entgehen lassen und immer in dem Versteck auf der Lauer liegen, wenn das Boot ans Ufer kam.

Salumo verbrachte viel Zeit in seinem Versteck, manchmal zusammen mit Ittuk, manchmal aber auch allein. Am Tag vor der Abfahrt des Schiffes waren sie wieder unten. Große Eisschollen trieben im hellgrünen Wasser, einige hatten sich, vom Wind ans Ufer getrieben, dort aufgehäuft. Salumo und Ittuk lagen wieder einmal im Sonnenschein an der windgeschützten Stelle hinter den Felsen auf der Lauer.

Die neue Ladung war bereits zum Schiff hinübergebracht worden, und nun führten die Seeleute ganze Bootsladungen leerer Fässer herüber und lagerten sie auf dem Ufer. Sie sollten mit Seehund- und Walöl, das die Eskimos während des Winters sammeln, gefüllt werden. Wenn das Schiff im nächsten Sommer zurückkam, würde es die gefüllten Fässer mitnehmen – so wie man es auch dieses Mal gemacht hatte –, um sie in das Land jenseits des Meeres zu bringen.

Die Matrosen luden also die Fässer aus und trugen sie weit das Ufer hinauf, über die Hochwassergrenze, und legten ganze Reihen der Breitseite nach aufeinander.

Die beiden Jungen, die in ihrer Pelzkleidung steckten, lachten, als sie die Matrosen sahen, die vor Kälte zitterten und, um sich warm zu machen, mit den Armen um sich schlugen und die Finger anhauchten. Warum trugen sie auch keine warmen Pelzkleider wie die Eskimos?

Ittuk, der neben Salumo lag, kam plötzlich auf den Gedanken, das Versteck zu wechseln. «Kriechen wir doch in eins von den Fässern, die Chablonák werden niemals in ein leeres Fass schauen. Auf diese Weise sind wir ihnen ganz nahe und können sie besser hören!»

Salumo schaute zu den Fässern hinüber und bemerkte, dass bei einigen die Deckel nicht ordentlich befestigt waren. Da konnten sie also leicht hineinkriechen. «Ami-lang!», erwiderte er. Als sich das Boot ein gutes Stück vom Ufer entfernt hatte, rannten sie zu den Fässern hinüber. Salumo wählte eines am Ende der Reihe und kletterte schnell hinein, Ittuk suchte sich eines in dessen Nähe aus. Jedes Fass hatte ein kleines rundes Spundloch an der Seite, durch das sie hinausgucken und die Seeleute beobachten konnten.

Einige Zeit brauchten die beiden, bis sie einigermaßen bequem saßen und aus dem Spundloch hinausschauen konnten, denn sie wussten genau, dass sie nicht mehr die geringste Bewegung machen durften, wenn die Seeleute wieder an das Ufer zurückkamen.

Bald vernahmen sie die dumpfen Schläge der Ruder und wussten, dass sich das Boot wieder mit einer neuen Ladung näherte. Nach einer Weile hörten sie, wie es auflief. Nun würden die Seeleute mit den Fässern heraufkommen. Salumo wagte kaum zu atmen, während er sein Auge fest an das kleine Loch drückte. Im Fass war es eng und ungemütlich. Ittuk fühlte sich in seiner dicken Pelzkleidung mit der Zeit so eingezwängt und unbehaglich, dass er sich von Herzen wieder in das Versteck am Felsen zurücksehnte. Dafür war es aber nun zu spät, und er musste sich ganz still verhalten, bis die Seeleute wieder fort waren.

Plötzlich wurde er von hinten gepackt, wie eine Maus aus dem Loch gezogen und auf den Boden gestellt. Salumo hatte nicht bemerkt, dass er den Boden hinausgedrückt hatte und daher ohne weiteres gesehen werden konnte. Einige stämmige Seeleute schauten ihn neugierig an. Salumos Herz klopfte laut. Er wagte kaum zu atmen und stand mit schlotternden Knien da. Als er zu Boden sank, packte ihn ein Seemann und riss ihn wieder hoch. «Hallo!», sagte er. «Hallo!»

Salumo brachte keinen Ton heraus.

Nun versammelten sich die anderen Seeleute um ihn herum; sie wollten sehen, was ihr Kamerad in dem Fass gefunden hatte.

Salumo schaute in die fremden Gesichter, und wieder wurde ihm schwach in den Knien. Er dachte in seiner Angst an Ittuk in seinem Fass. Ihn hatten die Matrosen nicht entdeckt. Am liebsten hätte er gerufen «Ittuk! Ittuk!», aber er wagte es doch nicht, denn dann würde es Ittuk ergehen wie ihm selbst. Wieder stellte ihn der Seemann, der ihn nicht losgelassen hatte, auf die Beine. Nun legte er ihm einen Finger unter das Kinn, und während er ihm das Gesicht in die Höhe hob, sagte er wieder «Hallo! Hallo!» zu ihm.

Trotz seines freundlichen Lächelns hatte Salumo vor diesem Mann mit den vielen Haaren im Gesicht schreckliche Angst. Der Mund wurde ihm trocken, nicht ein einziges Wort konnte er hervorbringen. Er hatte nur einen einzigen Wunsch: Fort!

Schließlich, als der Seemann wiederholt vergeblich versucht hatte, ihn zum Sprechen zu bewegen, ging er lachend weg, um die anderen einzuholen, die bereits zum Boot hinuntergegangen waren. Sie hatten noch viel Arbeit vor sich und durften keine Zeit verlieren.

Während der ganzen Zeit, da die Männer das Boot entluden, machte Salumo nicht einen Schritt. Er stand stumm da und beobachtete sie. Kaum aber hatten sie das Ufer verlassen, da kletterte er schnell in ein anderes Fass, das etwas höher lag. Dieses Mal war wirklich nichts von ihm zu sehen. Er lag ganz still und war überzeugt, dass sie ihn nicht wieder finden würden. Während der ganzen Zeit dachte er über das für ihn fremde Wort «Hallo!» nach. Was bedeutete es wohl? Wollte der Seemann, dass er es nachsagte? Ganz leise murmelte er «Hallo! Hallo!» vor sich hin.

Als die Seeleute wieder zurückkamen und ihn nicht mehr vorfanden, suchten sie in den anderen Fässern nach ihm. Lachend schlugen sie sich auf die Schenkel, als sie ihn wieder fanden und aus dem Fass herauszogen. Dieses Mal nahmen sie ihn mit zum Boot hinunter. Dort zeigte ihm der Seemann, der ihn das erste Mal gefunden hatte, einen großen viereckigen Koffer, und durch Zeichen und unter Zuhilfenahme von ein oder zwei Eskimoworten bedeutete er ihm, dass er ihm gehören würde, wenn er «Hallo!» sagen würde.

Salumos Augen blieben an dem glänzenden und glitzernden Verschluss auf der Vorderseite des Koffers hängen.

«Hallo! Hallo!», wiederholte der Seemann immer wieder.

Salumo konnte nur immer wieder den Koffer anschauen, aber er brachte auch jetzt kein Wort hervor.

Plötzlich drückte der Chablonák auf den Verschluss und der Deckel sprang auf. Salumo tat einen tiefen Atemzug. Was war wohl dieses glänzende Ding da drin mit den vielen glitzernden Knöpfen? Was es auch sein mochte, ihm würde es gehören, wenn er sich nur dazu entschließen konnte, dieses Wort nachzusagen! Der Seemann holte nun das glänzende Ding aus dem Köfferchen und ließ die Finger über die Knöpfe des Akkordeons – denn ein solches war es – gleiten. Hell und klar strömten die Töne aus diesem Wunderkasten. So etwas Schönes hatte er in seinem ganzen Leben noch nicht gesehen und gehört. Die Seeleute und alles um ihn herum waren vergessen. Und ihm sollte das Zauberding gehören! Plötzlich fingen die Seeleute zu lachen an: erst jetzt merkte Salumo, dass er fortwährend «Hallo! Hallo!» heraussprudelte.

Dann nahm der Seemann lachend den Gurt von der Schulter, legte das Akkordeon wieder in den Koffer zurück und gab es Salumo. Der Junge konnte vor Freude nichts anderes tun, als das schöne Instrument fest an sich zu drücken. Er konnte es immer noch nicht glauben, dass er es behalten durfte. Die Männer lachten und gingen dann wieder ihrer Arbeit nach. Er aber brachte es noch immer nicht fertig, auch nur einen Schritt zu tun.

Endlich, als die Männer außer Reichweite waren, rannte er zu seinem Zelt, und Ittuk, der auch aus seinem Fass herausgeklettert war, dicht hinter ihm her. «Schau, Anának, ein Mann vom Schiff hat mir das geschenkt.»

«Was ist denn das?», fragte Umialik.

Salumo wollte es ihr nun zeigen, aber der Koffer ging nicht auf. Wie hatte es der Seemann angestellt? Zuerst versuchte es Salumo, dann Umialik, die in der Aufregung ebenso ungeschickt wie er daran herumhantierte. Plötzlich sprang der Deckel auf, sodass Umialik den Koffer fast hätte fallen lassen. Umialik schaute hinein und machte vor Verwunderung große Augen. Sie langte nun hinein und berührte das Akkordeon sachte mit den Fingerspitzen.

Nun hob Salumo es heraus. «Horch!», rief er, und dabei berührte er die Knöpfe, wie er es bei seinem Gönner gesehen hatte, und zog den Balg auf und zu – und tatsächlich brachte er einige Töne hervor.

Vor Überraschung und Begeisterung erstrahlte ein glückliches Lächeln auf Umialiks breitem Gesicht. Jetzt hatten sich auch schon andere eingefunden, und alle bewunderten das Geschenk und waren über die Töne erstaunt, die das sonderbare Ding hervorbrachte. Alle waren sich darüber einig, dass wirklich fröhliche Töne aus dem Instrument kamen, und deshalb nannten sie es «Salumos fröhlichen Musikkasten».

Als sich die erste Begeisterung etwas gelegt hatte, wählte Umialik unter ihren Fellen ein geeignetes aus. «Wir müssen ein gutes Fell für den Koffer suchen», meinte sie, «es darf keine Nässe hineinkommen.»

Das Schiff fuhr während des Schneesturmes wieder ab. Rauch qualmte aus den Schornsteinen, als es die Anker lichtete und sich langsam entfernte. Die Sirenen heulten auf und riefen den am Ufer stehenden Leuten ein letztes Lebewohl zu. Diese winkten und riefen «Ta-va-se! Ta-va-se!» Sie wussten, dass lange Zeit vergehen würde, bis das Schiff wiederkam. So standen sie da und schauten ihm nach, bis sie es nicht mehr sehen konnten.

«Wie sieht es wohl dort aus, wo die Chablonák wohnen?», wollte Salumo wissen.

«Nun, nun, es gibt dort Menschen wie diese Seeleute und wie der Kapitän. Freilich gibt es dort auch noch Frauen, geradeso wie bei uns. Sie leben so wie wir, sprechen jedoch eine andere Sprache», behauptete Ittuk, der davon überzeugt war, dass es gar nicht anders sein konnte.

«Ami-lang!», nickte Salumo zustimmend, offenbar war er mit dieser Antwort zufrieden.

Zwei Tage später kam Tuklaviks großer Umiak von seiner Fahrt der Küste entlang zurück. Salumo und Ittuk freuten sich von ganzem Herzen, ihre Freundinnen Angmak und Supeali wieder in der Nähe zu wissen.

«Wir haben das Schiff leider nicht gesehen», sagte Tuklavik bedauernd, als man ihm erzählte, dass es während seiner Abwesenheit angekommen und auch wieder abgefahren sei. «Ich habe wohl ein gutes Gewehr, aber ich hätte Patronen brauchen können.»

«Dein Gewehr hat das gleiche Kaliber wie meines», meinte Suatsuak. «Ich habe mehr eingetauscht, als ich benötige, so kannst du von mir haben.» Tuklavik brauchte also nicht enttäuscht zu sein.

Salumo zeigte Angmak und Supeali sein schönes Geschenk. «Oh – oh!», riefen sie ganz außer sich. Sie wagten aber nicht darauf zu spielen, weil sie Angst hatten, sie könnten es beschädigen. Aus diesem Grunde spielte Salumo selbst ein paar von den schönen Tönen.

«Und was hast du denn dafür gegeben?», fragte Supeali.

«Eigentlich nichts. Ich brauchte nur ‹Hallo, hallo!› zu sagen.»

Alle lachten über das komische Wort und wiederholten es.

«Weißt du, was es bedeutet?», wollte Angmak wissen.

«Ich weiß es nicht», erwiderte Salumo. «Der Seemann hat es mir immer wieder vorgesagt, und als ich es nachsagte, hat er mir dieses Ding da geschenkt.»

«Ami-lang! Wir freuen uns alle, dass du es bekommen hast», sagte Umialik. «Spiel ein paar Töne!»

In den nächsten Tagen nahm Salumo oft sein Akkordeon aus dem Koffer und versuchte die Töne einer Melodie, die er vor sich hinsummte, auf den Knöpfen zu finden. Bald fand er heraus, dass er jedes Lied aus dem Kasten hervorzaubern konnte. Darüber war er hocherfreut.

Später, als sie wieder kreuz und quer durch das Land zogen, wurde der sorgfältig in ein Seehundfell eingehüllte Koffer auf dem besten Schlitten und an der sichersten Stelle inmitten des ganzen Gepäcks verstaut, sodass kein Schaden entstehen konnte, selbst dann nicht, wenn der Schlitten einmal umkippte. Alle waren um das Akkordeon besorgt, hatten sie doch in ihrem ganzen Leben noch nie so etwas gesehen oder auch nur davon gehört.

Die einzigen, die Salumos fröhliches Toninstrument nicht schätzten, waren die Hunde. Wenn Salumo in der Stille der arktischen Nacht seinen Koffer hervorholte und seinem Akkordeon Töne entlockte, dann klemmten sie den Schwanz zwischen die Beine, hoben ihre Schnauzen in die Höhe und stimmten ein wehmütiges Geheul an. Umialik freute sich von ganzem Herzen, wenn sie ihren Salumo spielen hörte, denn sie hatte diese fröhlichen Töne gern. Zugleich empfand die alte Frau ein Gefühl des Stolzes. Ihr Salumo konnte etwas, das sonst niemand konnte. Keiner konnte so geschickt wie er die Töne hervorbringen. Sooft er spielte, saß Umialik in seiner Nähe, schaute ihm mit glänzenden Augen zu und paffte zufrieden ihre Pfeife.

Manchmal hörte Umialik ihn leise «Hallo, hallo» sagen, wenn er das Akkordeon in die Hand nahm. Sie wusste, dass sein Herz voller Dank war, weil ihm der fremde Seemann den «fröhlichen Musikkasten» geschenkt hatte.

Weiße Wale

Der Sommer mit seiner Wärme und seinem Sonnenschein ging schnell vorüber, und der traurige Herbst machte sich bereits durch die kalten Nächte unangenehm bemerkbar. Salumo verließ seinen geliebten Schlafsack nicht mehr so gern wie an den hellen und warmen Tagen. Wie hatte er sich vor kurzem noch gesputet, um möglichst bald mit einem Kajak herumzupaddeln!

Umialik guckte belustigt zu ihm hinüber, wenn er morgens noch tiefer in seinen Schlafsack hineinkroch. Dann rief sie ihm zu: «Es ist Zeit, aufzustehen!» Hörte sie ihn aus der Tiefe des Schlafsackes brummen: «Es ist noch dunkel und zu früh, um aufzustehen», dann zitterte ihr ganzer Körper vor verhaltenem Lachen.

Trotz der langen Fahrten entlang der Küste war die Beute und damit ihre Nahrung am Ende dieses Sommers ziemlich gering. Oft kam der Nebel von der See herüber, und an ruhigen Tagen wehte der Wind nicht stark genug, um ihn wegzublasen, und so hing er den ganzen Tag tief über dem Wasser. Dann war nichts zu sehen – Nebel, wohin man auch blickte. Das waren wieder einmal böse Tage für die Familien, die sich an der Bucht versammelt hatten, um hier Wohnung und Nahrung zu finden.

An solchen nebligen Tagen trieben sich die Kajaks in der Nähe der Küste herum, denn die Jäger wagten nicht weit hinauszufahren. Ab und zu gab es einen Platsch im Wasser: ohne ihn gesehen zu haben, waren sie in die Nähe eines Seehundes gekommen. Das Geräusch des Paddels hatte ihn verscheucht.

Sie hörten auch das Gequake der Eiderenten und den Schrei der Möwen – es waren die einzigen Laute, welche die große, neblige Stille durchbrachen.

Kam schließlich Wind auf und blies den Nebel weg, dann ging die See für die Kajaks oft zu hoch. Es waren Hungerzeiten.

Eines Tages kam Tuklavik vom Berghang herabgerannt und sprang in höchster Eile zu seinem Kajak. Hastig erzählte er den Sippengenossen, dass er in einer kleinen Bucht weiße Wale gesehen hätte. Sie waren von der hochgehenden See gekommen und hatten in dem ruhigen Gewässer Zuflucht gesucht.

Die Jäger rannten nach ihren Spießen und Speeren und stolperten über Felsen und Klippen zur Bucht, gierig auf Beute. Umialik und Salumo liefen zusammen mit Suatsuak und Ittuk am Ufer entlang. Tuklavik hatte seinen Wurfspieß und die Leine aus seinem Kajak geholt und war unter den Ersten, die die Wale erspähten. Schnell hielt er die Hand hoch, zum Zeichen, dass alle still sein sollten.

Salumo und Ittuk standen nebeneinander. Ihre Augen glänzten, als sie die Wale in dem ruhigen Wasser tauchen und sich herumtummeln sahen. Es waren im ganzen sieben. Im hellen Tageslicht sahen sie wie Schneeflecke aus, die da draußen im Wasser umherwirbelten. Eine Walmutter hatte ihr Junges auf dem Rücken sitzen und schaukelte im Spiel der Wellen auf und ab. Sie war weiter draußen, im tieferen Wasser. Das Walbaby schien sich bei dem Auf- und Untertauchen ganz wohl zu fühlen. Ab und zu stieß die Mutter, wenn sie tauchte, den eigenartigen Schrei der Wale aus: «Lu-ma-a-h! Lu-ma-a-h!»

Umialik warnte die Jungen: «Macht keinen Lärm, Wale hören sehr gut und sind schnell verscheucht! Beobachtet und tut, was euch Tuklavik sagt! Schaut! Jetzt kriecht er langsam das Ufer hinab. Er winkt mit der Hand – folgt ihm, macht aber kein Geräusch mit den Schuhen. Seht! Er geht nur weiter, wenn sie zum Atemschöpfen heraufkommen.»

Bald waren die Jäger am Ufer entlang verteilt und beobachteten, wie die weißen Wale im seichten Wasser ihr Spiel trieben und umhertollten. Tuklavik sollte zuerst seinen Spieß werfen, dann erst die anderen.

Umialik – Salumo und Ittuk an ihrer Seite – war bereit. Sie hielt den Wurfspieß fest in einer Hand und die Leine in der anderen. Ihre Gesichtszüge verrieten ruhige Entschlossenheit, während sie auf den entscheidenden Augenblick wartete. Indessen spielten die Wale nichtsahnend weiter und stießen dabei oft gegen die großen Uferseine.

Jetzt schleuderte Tuklavik den Wurfspeer. Sofort gab es einen ungeheuren Aufruhr im Wasser. Nun schleuderten die anderen ihre Speere, auch Umialik warf den ihren, schnell und lautlos. Gut gezielt drang die Spitze in den Körper eines Wales ein. Sofort packten Salumo und Ittuk zusammen mit Umialik die Leine und warfen sich auf den Boden, um ja das getroffene Tier nicht entkommen zu lassen. Es schlug um sich, tauchte auf und unter, brüllte und tauchte wieder. Schließlich gelang es Umialik, die Leine um einen Felsblock zu schlingen und zu befestigen.

«Haltet fest ihr zwei!», befahl sie ihnen atemlos. «In dem alten Wal ist noch eine Menge Lebenskraft! Ich muss versuchen, ihn mit dem Speer vollends zu töten.»

Als der Wal wieder auftauchte, warf sie den Speer mit solcher Wucht und so geschickt, dass die Spitze das Herz des Tieres durchbohrte. Es bewegte sich nicht mehr. Sie zog mit den beiden Jungen kräftig an der Leine, und endlich hatten sie ihre Beute am Ufer.

Salumo betrachtete das schöne Tier und berührte mit der Hand die weiche Haut. Schneeweiß war der Körper und völlig ohne Haare.

«Ami-lang! Heute Abend essen wir Muk-tuk», verkündete

Umialik fröhlich. Das war nämlich eine Speise, die alle schätzten, aber selten bekamen: die zarte Haut des weißen Wales.

Nun kamen auch die Frauen, die am Berghang mit ihren Ulus gewartet hatten, herab, sie wollten mithelfen, die drei erlegten Wale abzuhäuten, zu zerlegen und das Fleisch nach Hause zu schaffen.

An diesem Abend bekamen die Hunde so viel zu fressen, wie sie wollten, und danach wälzten sie sich im Schnee und machten sich wieder sauber. In den Zelten lachten und freuten sich die Eskimoleute, denn ihre Mägen waren voll. Nun konnte der Nebel von der See heranrollen, so lange er wollte! Es stand jetzt gut um die Eskimos.

Die Geschichte vom weißen Wal

Salumo freute sich, als die anderen Kinder am Abend in sein Zelt kamen. Eine Weile spielten sie, dann fingen sie zu plaudern an.

«Ich bin müde», sagte Salumo. «Den ganzen Tag bin ich umhergerannt und immer auf den Beinen gewesen und habe auch noch mit den Hunden herumgetollt.»

«Wir auch, wir haben geholfen, das Walfischfleisch hierher zu bringen», entgegnete Supeali.

«Ja, das war ein Spaß», fügte Angmak hinzu.

Dann mischte sich Ittuk in die Unterhaltung: «Habt ihr den sonderbaren Laut der Walmutter gehört, als sie zum Atmen auftauchte? ‹Lu-ma-a-h! Lu-ma-a-h!›»

«Anának weiß darüber eine Geschichte», sagte Salumo, «wollen wir sie nicht bitten, sie uns zu erzählen?»

Umialik arbeitete schweigend neben der Lampe und rauchte ihre Pfeife. Sie hatte natürlich gehört, was die Kinder sagten. Als sie sich nun vor sie hinstellten, schaute sie die neugierige Schar lächelnd an. Sie machte noch einen Zug, legte die Pfeife beiseite, faltete sorgfältig ihre Näharbeit zusammen und räumte sie weg. Dann begann sie in ihrer langsamen, überlegenen Art.

«Ja, es ist wahr, der weiße Wal schreit, Lu-ma-a-h! Lu-ma-a-h!› Um diese Jahreszeit bringen die Walmütter ihren Jungen das Schwimmen und Tauchen bei. Die Walkinder können natürlich nicht so schnell schwimmen wie die ausgewachsenen Tiere, auch nicht so tief tauchen, denn sie können den Atem nicht so lange anhalten. Es gibt daher eine ganze Menge, was so ein Walkind zu lernen hat. Die jungen Wale lassen sich oft von ihren Müttern tragen, so wie ihr das heute gesehen habt. Sie krabbeln auf ihre Rücken und bringen es fertig, sich da oben fest zu halten, auch wenn ihre Mütter auf- und untertauchen. Wale sind gute Mütter.»

«Das Kleine, das auf dem Rücken seiner Mutter lag, sah drollig aus», sagte Supeali und kicherte leise.

«Den Laut, den ihr gehört habt, lassen sie nur hören, wenn sie ihr Junges bei sich haben», sagte Umialik langsam und nachdenklich.

«Warum rufen sie ‹Lu-ma-a-h›?», fragte Ittuk.

«Ich will euch die Geschichte erzählen. Sie hat sich vor langer, langer Zeit zugetragen, lange bevor wir auf die Welt kamen», erklärte Umialik. Sie griff nach der Pfeife, hielt sie über die Flamme der Steinlampe und paffte so lange, bis sie wieder brannte, dann setzte sie sich, machte es sich bequem und erzählte weiter.

«Es war einmal eine Frau, die hatte zwei Söhne. Der eine war ein guter Jäger. Sein Name war Po-to-ko-mik. Der andere war faul und fand immer eine Ausrede, um der Arbeit aus dem Wege zu gehen, während die anderen fleißig waren, auf die Jagd gingen und ihre Schneehäuser bauten. Er hieß Attua. Die Mutter war wegen ihres faulen Sohnes sehr unglücklich. Er war ungehorsam und hatte keine Lust, auf ihre Lehren zu achten. Sie mochte Po-to-ko-mik, den anderen Sohn, gut leiden und bewunderte ihn, weil er ein guter Jäger war. Sie wurde aber eifersüchtig, sooft sie sich erinnerte, dass er der Sohn einer anderen Frau war, denn er war in Wahrheit nur ihr Stiefsohn. Sie hatte ihn aber vom zartesten Kindesalter an aufgezogen, sodass er als ihr eigener Sohn angesehen wurde. Alles wäre in Ordnung gewesen, wenn Attua sich nicht zu einem solchen Faulpelz entwickelt hätte.

Immer wurde Po-to-ko-mik für seine Arbeit gelobt und nie ihr leiblicher Sohn – und das nagte ihr immer mehr am Herzen.

Nun kam wieder Hungersnot ins Land. Alle versuchten Nahrung zu beschaffen, aber niemandem gelang es. Sogar Po-to-ko-mik konnte nichts schießen oder fangen. Weil ein furchtbarer Sturm über das Land raste, wagte niemand sein Schneehaus zu verlassen. Es wäre sinnlos gewesen, bei diesem Wetter auch nur für kurze Zeit hinauszugehen.

Dann ließ das Schneetreiben nach, und der Himmel klarte auf. Sogleich gingen die Frau und ihre zwei Söhne auf die Jagd. Po-to-ko-mik ging weit ins Innere des Landes hinein. Er kam am gleichen Tag nicht mehr zurück, denn er wanderte und wanderte, um den Karibus auf die Spur zu kommen, er konnte aber nicht ein einziges entdecken. Der Tag war klar, die Sonne schien grell und die Augen taten ihm weh.

Die Mutter hatte mehr Erfolg. Es gelang ihr, einen kleinen Seehund zu erlegen. Attua und seine Mutter konnten sich an dem guten Seehundfleisch gütlich tun – nach langer Zeit waren sie wieder satt!

Am nächsten Tag taumelte und stolperte Po-to-ko-mik heim, hungrig und fast blind. Alle wussten, dass er am nächsten Tag ganz schneeblind sein würde. So ist es nämlich mit der Schneeblindheit. Sie wird von Tag zu Tag schlimmer, und schließlich sieht man überhaupt nichts mehr.

Attua überredete nun seine Mutter, ihren Vorrat an Fleisch zu verschweigen. Warum sollten sie auch diesen kleinen Seehund mit Po-to-ko-mik teilen? Er würde es ja nie erfahren, dass sie Glück auf der Jagd gehabt hatten und ihren Hunger stillen konnten, er war ja blind!

So kam es, dass Po-to-ko-mik furchtbar Hunger litt. Tag für Tag saß er in der Dunkelheit und murmelte ab und zu traurig vor sich hin: ‹Wenn ich nur sehen könnte! Wenn ich nur sehen könnte!› Er machte sich Sorgen, weil er glaubte, dass seine Mutter und Attua ebenfalls Hunger litten, wusste er doch nicht, dass sie sich satt essen konnten und zuschauten, wie er hungerte.

Er hatte aber ein scharfes Gehör, und so kam er hinter ihren gemeinen Streich. Eines Tages hörte er, wie sie aßen. Er lag wach auf den Fellen, während die beiden glaubten, er schlafe vor lauter Mattigkeit.

Nach einiger Zeit gewann er allmählich seine Sehkraft wieder zurück, bald würde er wieder jagen können! Sie wussten aber noch immer nicht, dass er schon etwas sehen konnte und dass es ihm nicht entging, wenn Attua über ihn lachte, sooft er stolperte oder sich an einem Gegenstand stieß. Da begann in seinem Herzen ein Gefühl des Hasses gegen beide wach zu werden. Er wusste, dass sie gegessen und ihn hintergangen hatten. So saß Po-to-ko-mik elend in dem Schneehaus, und seine Bitterkeit gegen die Mutter und ihren Sohn wuchs von Tag zu Tag: Er würde mit ihnen noch abrechnen, ja, seine Zeit würde kommen!

Als er schon sehen konnte, stellte er sich immer noch blind. ‹Wenn du mich führst, könnte ich es wohl fertig bringen, einen Seehund oder sogar ein Walross zu erlegen›, sagte er zu seiner Mutter.

Sie freute sich über seinen Vorschlag; er konnte vielleicht, wenn sie ihn an den Rand des Eises führte, ein Tier töten, denn er war ein zielsicherer Schütze. Sie wollte ihm sagen, wenn ein Seehund oder ein Walross in der Nähe war. Sie schaute Attua in seiner Fellkleidung zärtlich an und seufzte. Po-to-ko-mik sah den zärtlichen Blick, den sie ihrem nichtsnutzigen Sohn zuwarf. Da wurde sein Herz kalt gegenüber dieser Frau.

Sie wusste nicht, dass er schon sehen konnte, und so führte sie ihn an den Rand des Eises und drückte ihm einen Speer und eine lange Leine in die Hand. Einige weiße Wale trieben in ihrer Nähe in den Wellen auf und ab. Nun gab sie ihm das Ziel an. ‹Da, da, gerade vor dir! Los! Los! Wirf!›

Sein Speer flog hinaus auf das Meer und traf einen Wal. Dann ließ er die Leine abrollen. Aber anstatt sie um einen

Eisblock zu schlingen, um den Wal am Entfliehen zu hindern, sprang Po-to-ko-mik nun auf die Frau zu und schlang die Leine um ihre Hüfte. Der Wal zog und zerrte, während sie die Leine loszubinden versuchte. Langsam, aber unwiderstehlich wurde sie in die See gezogen. Jedes Mal, wenn sie für einen Augenblick aus den Wellen auftauchte, schrie sie: ‹Er ne ah lu mah! Mein Sohn tat dies!› Aber Po-to-ko-mik war taub für ihre Schreie und ging weg, ohne sich auch nur ein einziges Mal umzusehen.

Die Walfische hörten die Worte der Frau, aber nur einen Teil behielten sie im Gedächtnis. Seitdem rufen sie: ‹Lu-ma-a-h! Lu-ma-a-h!› Aber die Eskimos wissen, was der Ruf bedeutet.

Das ist die Geschichte, wie die Wale zu dem Ruf ‹Lu-ma-a-h› gekommen sind», sagte Umialik und zog kräftig an ihrer Pfeife. «Böse Taten können einen guten Menschen verderben, und ein rachsüchtiges Herz ist immer etwas Schlechtes.»

Ein Geschenk des Meeres

Der düstere Herbst mit seinem grauen Himmel und seinen kurzen und dunklen Tagen war gekommen. Das offene Wasser verwandelte seine grüne Farbe in tiefes Schwarz, und der heulende Wind peitschte die Oberfläche zu hohen Wellen auf. Die Eskimos schauten Tag für Tag auf die See hinaus und hofften, dass sie ihre Kajaks wieder ins Wasser lassen und jagen könnten. Bei solchem Wetter war es unmöglich, und der Sturm wollte einfach nicht nachlassen. Das Walfischfleisch war längst aufgegessen, Mensch und Tier waren hungrig. Dazu kam noch, dass die Fellzelte den heulenden Wind nicht abhielten und die vor Kälte zitternden Leute sich nach ihren Iglus sehnten. Schnee bedeckte bereits den Boden, aber er war noch nicht trocken und nicht so hart zusammengebacken, wie man ihn zum Bau der Schneehäuser braucht.

Umialik machte ein bekümmertes Gesicht: Hunger und Sorge waren der Grund dafür. Oft saß sie nun mit leeren Händen da, denn es gab keine Felle mehr zu reinigen oder zu Kleidung zu verarbeiten. Die Männer konnten weder jagen noch an einen anderen Ort fahren, weil der Wind die feuchten Schneeflocken über alles breitete. Hätten sie ihre schützenden Zelte verlassen, dann wären sie nur noch elender daran gewesen. Selten hörte man ein Lachen, die Fröhlichkeit entfloh; ihre Mägen waren leer. Der Hunger quälte sie Tag und Nacht, es war ein brennendes Gefühl mit Übelkeit, Schwindel und Kopfschmerzen.

Manchmal sah Umialik, wie Salumo sich die Hände an die Stirn presste oder sich die Schläfen mit den Fingern rieb, dann wusste sie, dass er hungerkrank war. Schnell entschlossen nahm sie den Speer, verließ das Zelt und stapfte auf dem rauen

Ufereis dahin. Sie hoffte einen Seehund zu entdecken oder ein paar Enten oder einen Fisch, den die See ans Ufer geworfen hatte. Das zornige Meer peitschte gegen die Küste und bedeckte die Felsen und Steinblöcke mit gefrorenem Gischt. Oft bemerkte sie, wie andere Jäger es ebenso wie sie machten. Aber keiner hatte mehr Glück. Sogar die Möwen flogen hoch in der Luft und außer Reichweite, wie sie es immer bei stürmischem Wetter zu tun pflegen. Und Umialik kehrte durchnässt und mit leeren Händen zum Zelt zurück.

Ittuk, Angmak und Supeali kamen oft zu Salumo, um mit ihm zu spielen, oder er besuchte sie in ihren Zelten, aber sie balgten sich nicht mehr wie sonst, auch trugen sie keine Ringkämpfe aus. Ihre Köpfe, fühlten sie, waren so leicht geworden. Standen sie auf, dann taumelten sie, und Schwächeanfälle nötigten sie, sich wieder zu setzen: Das war der Hunger mit seinen Folgen. Aber es war nicht das erste Mal, dass sie ihn kennen lernten, schon im vergangenen Herbst hatten sie genug Hunger gelitten. Sie wussten, dass mit ihnen alles wieder in Ordnung kommen würde, wenn sie wieder Nahrung hatten. Es war auch nutzlos zu jammern. So spielten sie denn ruhige Spiele und waren schon zufrieden, beieinander sein zu können.

Eines Tages hatten sie einen Heidenspaß, sodass sie ihr Elend vergaßen. Ittuks Mutter badete das Baby zum ersten Mal im Schnee. Immer wieder nahm sie eine Handvoll Neuschnee und rieb damit die auf ihren Knien liegende Kleine, die laut schrie und mit Armen und Beinen um sich schlug.

«Schaut, ihre Lippen sind schon blau, und sie zittert!», sagte Supeali zärtlich und mitleidig.

«Sie wird sich gleich wohl fühlen», antwortete die Mutter, rieb sie mit einem weichen Tuch aus Entenleder und steckte sie wieder in ihre tiefe Kapuze. Da war es wohlig warm, und so hörte das Kind bald zu schluchzen auf und fiel in einen langen Schlaf.

«Ami-lang!», sagte die Mutter. «Der kalte Schnee macht die

Haut dick und widerstandsfähig, so wird sie nicht frieren, wenn die große Kälte kommt. Das Schneebad schenkt dem Eskimo Wärme und Wohlbefinden, und so lernt er die ärgste Kälte ertragen.»

Die Kinder nickten, denn auch sie nahmen Schneebäder, jetzt, da der Schnee das Land bedeckte.

Der nächste Tag war ein Tag wie alle anderen. «Darf ich auf die Seehundjagd gehen?», fragte Salumo und griff nach seinem Gewehr.

«Wenn du ausrutschst, kannst du nur zu leicht in tiefes Wasser fallen», warnte Umialik. Als sie dann sah, wie er sie keck und ungläubig ansah, fuhr sie fort: «Das Eis kann unter deinen Füßen brechen, und du würdest dann in die See hinausgetrieben. Ich verlor Salumo, meinen ersten Sohn, auf diese Weise, den Sohn, nach dem du genannt worden bist und dessen Stelle du einnimmst. Ich könnte es nicht ertragen, dich, Salumo, auch noch zu verlieren. Auch er versuchte für uns Nahrung zu beschaffen, und das Eis trug ihn fort.»

Salumo kannte diese Geschichte natürlich längst. Aber sie machte ihn nachdenklich; er legte die Flinte weg, setzte sich und sann darüber nach, wie er Nahrung beschaffen könne. Dieser Sorge sollte er noch am selben Tage enthoben werden. Er und Ittuk waren einige Zeit am Ufer entlanggelaufen und hatten nach einem Tier Ausschau gehalten, einer Ente, einem Vogel, einem Seehund oder einem Fisch; da bogen sie in eine kleine Bucht ein.

«Schau, schau!», rief Salumo und packte Ittuk am Arm. Dieser schaute in die Richtung des ausgestreckten Armes. Dann stand auch er vor Überraschung und Erstaunen still und konnte nicht glauben, dass der Anblick, der sich seinen Augen bot, Wirklichkeit sei.

Das eisbedeckte Ufer war, so weit das Auge sehen konnte, schwarz von Fischen. In Eis gepackt lagen sie da, und jede der großen Wellen schleuderte von neuem eine Menge kleiner

silbriger Fische auf das Ufer, wo sie noch etwas zappelten und dann an das Eis anfroren.

Ittuk und Salumo liefen hin und hackten das Eis mit ihren Stiefelabsätzen auf, und so tief sie auch gruben, immer wieder stießen sie auf Fische.

Schreiend und atemlos rannten sie zu den Zelten zurück und riefen in einem fort: «Fische gibt's! Lauft, rennt!»

Die Familien stürzten aus ihren Zelten und folgten den schreienden Jungen, die bereits wieder zur Bucht zurückrannten. Auch die Hunde liefen hinter ihnen her und bellten wie wahnsinnig.

Als die Leute die in das Eis gepackten Fische sahen und die schwere See, die fortwährend neue silbrig glitzernde Mengen ans Ufer schleuderte, standen sie einen Augenblick stumm da, zu verblüfft, um ein Wort herauszubringen. Dann griffen sie nach den Fischen, bissen lachend hinein und verzehrten sie roh. Sie riefen dabei fortwährend: «Wir haben wieder zu essen! Ami-lang! Wir haben wieder zu essen!»

Die Hunde kratzten sich die Fische aus dem Eis und verschlangen sie heißhungrig.

Schließlich waren Menschen und Tiere satt. Dann sammelte man die Fische, trug sie zu den Zelten und häufte sie dort auf. Den ganzen Tag holten die Eskimos Fische. Gegen Abend legten sie Fellstücke und Steinblöcke um die Beute herum, um die Hunde davon abzuhalten. Alles lachte und schwatzte während der Arbeit, denn nun waren Hunger und Krankheit vorbei.

«Die Stürme des Meeres haben uns mit diesem Reichtum beschenkt», sagte Umialik und schaute befriedigt auf den gewaltigen Fischvorrat.

«Ami-lang! Ich habe in meinem ganzen Leben noch nicht so viele Fische auf einmal gesehen», bemerkte Tuklavik. «Sie konnten gegen die schwere See nicht ankommen, aus diesem Grund sind unsere Mägen voll. Auch unsere Hunde sind satt. Es ist eine gute Zeit!»

Iglus und Uglus

Als der Sturm vorüber war, wurde die Luft kälter. Die Buchten waren bereits mit einer festen Eisschicht bedeckt: nun würden sie ihre Lasten bald nicht mehr selbst zu schleppen brauchen. Es war an der Zeit, die Kómotiks fertig zu machen. Wieder schirrte man die Hunde an und fuhr im Licht der «Guten Schatten», die bereits wieder am nächtlichen Himmel schimmerten und gleißten.

«Für dieses Jahr ist es mit dem Bootfahren vorbei», sagte eines Tages Tuklavik. So zogen denn die Leute – Männer und Frauen – das große Boot das Ufer hinauf, so weit, dass das Wasser es auf keinen Fall erreichen konnte. Dann nahmen sie die Felle und Häute ab und suchten unter dem Treibholz nach langen Stangen, aus denen sie ein festes Gestell bauten. Die Enden rammten sie in den Boden und befestigten sie mit Steinen, damit die Winterstürme es nicht umstürzen konnten. Obenauf banden sie die Felle und Häute mit Riemen fest, um sie vor Füchsen und Wölfen zu schützen. So würden sie wohl den Winter gut überstehen. Im nächsten Sommer würde Tuklavik wieder nach ihnen sehen.

Als Suatsuak in Umialiks Zelt kam, um mit ihr Pläne für die kommende Zeit zu schmieden, lächelte sie und lud ihn ein, auf der Schlafstätte Platz zu nehmen. «Ich habe mir den Schnee genau angesehen», sagte sie fröhlich. «Da oben, wo der Wind über ihn hinweggefegt ist und ihn auf den Boden gedrückt hat, ist er hart genug, um Blöcke daraus zu schneiden. Wir können endlich wieder unsere Schneehäuser bauen, die viel wärmer sind als diese zugigen Zelte.»

Suatsuaks Gesicht leuchtete bei diesen Worten auf, und er

ging hinüber, um sich selbst von den günstigen Schneeverhältnissen zu überzeugen. Bald darauf waren alle Familien dabei, Iglus zu bauen. Die Felldecken und Schlafsäcke wurden aus den Zelten geholt und in die Schneehäuser gebracht, die Steinlampe befestigt und angezündet. Die Eskimos brachen die Zelte ab und legten sie zusammen, aber die an der Spitze zusammengebundenen Zeltpfähle blieben stehen, sie erinnerten an ihre Sommerbehausungen, die nun unbrauchbar geworden waren.

Am Abend besprachen die älteren Leute in Umialiks Iglu, was man in der nächsten Zeit unternehmen würde. Umialik, die im Schneidersitz auf den Pelzen saß und an ihrer kurzen Pfeife zog, wandte sich an Tuklavik und sagte: «Tuklavik und ich müssen in das Innere des Landes, um die Kómotiks zu holen, die wir im Frühling dort zurückgelassen haben. Wir waren auf der Karibujagd, als uns die große Schneeschmelze überraschte.»

Suatsuak, der aufmerksam zugehört hatte, erwiderte: «Morgen früh breche ich auf, um mein Kómotik zu holen, drei Tage brauche ich dazu. Dann wird das Eis für die Seehundjagd hart genug sein. Ich will keine Zeit verlieren!»

«Ich möchte am liebsten mit Suatsuak gehen, denn ich glaube, dass man unterwegs Jagd auf die Karibus machen kann. Hier kann ich doch nichts tun, weil das Eis noch nicht fest genug ist», meinte Tuklavik. Dann wandte er sich an Umialik und fragte sie: «Soll ich nicht dein Kómotik mit herunterbringen? Ich nehme meine Hunde mit.»

«Ami-lang! Das wäre schön!», rief Umialik erfreut aus. «Wenn ihr ein Karibu erlegt, könnt ihr meinen Schlitten recht gut brauchen. Und ich gewinne Zeit, um Salumos Schuhe fertig zu machen.»

Nun verließen die beiden Männer ihre Sippen und nahmen die angeschirrten Hunde mit sich. Zwei Tage vergingen.

Am Tage, an dem Tuklavik und Suatsuak zurückerwartet

wurden, stand Umialik am Ufer und schaute aufmerksam über die Bucht. «Schaut!», rief sie. «Schaut da hinaus, die Seehunde machen schon ihre Uglus.»

Salumo, der neben ihr stand, blickte in die angegebene Richtung und bemerkte, wie der schwarze Kopf eines Seehundes aus dem Eis herausschaute und dann wieder verschwand. Um diese Jahreszeit, wenn sich das Eis über dem Wasser bildet, machen sich die Seehunde ihre Uglus – Luftlöcher, an denen sie Atem schöpfen. Der Seehund, den sie gerade beobachteten, machte sich eben eines. Salumo behielt die Stelle im Auge, denn er wusste, dass das Tier noch zweimal zum Atemschöpfen auftauchen würde. Das erste Mal hatte es ordentlich um sich geschlagen, um alles, was sich in der Nähe aufhalten mochte, wegzuscheuchen. Jetzt lag es unter dem Eis und guckte durch das Loch. Wähnte es sich sicher, dann glitt es langsam nach oben, steckte die Nase heraus und holte Atem «Puh-huh!» Dann verschwand es wieder und kam zum letzten Atemholen herauf. Nach dreimaligem Atemholen blieb es eine Weile weg.

Jedes Mal, wenn der Seehund die Nase zum Atmen über das Eis hob, schleuderte er Wasser auf das Eis. Das Wasser gefror, und nach und nach war das Atemloch halbkugelförmig vollständig von Eis umgeben. Dann bewegte der Seehund fortwährend seine Flossen im Kreise, bis die Erhöhung ausgehöhlt war und nur eine dünne Eisschicht übrig blieb. Dieser Hohlraum reichte aus, um den Kopf aus dem Wasser heben zu können, ohne gesehen zu werden. Ganz oben befand sich die Öffnung, durch die er atmete. Gewöhnlich hat ein Seehund mehrere Uglus, die er abwechselnd benutzt.

«Das Wasser gefriert schon schnell», sagte Umialik. «Über Nacht werden hier viele Uglus entstehen.»

Im Laufe der Nacht kamen die Männer zurück. Als sie am nächsten Morgen Ausschau hielten, fanden sie Umialiks Voraussage bestätigt: die Nacht war kalt gewesen, und das Eis in der Bucht wies an einigen Stellen eine beträchtliche Dicke auf. Auf der ganzen Fläche erhoben sich die kleinen Eishügel und glitzerten im Sonnenschein.

«Bald wird das Eis dick genug sein, um darauf gehen zu können», prophezeite Umialik. «Dann können wir auf das Eis hinaus und die Seehunde in ihren Uglus erlegen. Wie gut wird das Seehundfleisch schmecken!» Umialik schmunzelte bei diesen Worten und blinzelte mit ihren schwarzen Augen.

Auch die Kinder waren lebhaft und unruhig, wussten sie doch, dass man in den nächsten drei bis vier Tagen den Seehunden vor ihren Uglus auflauern würde. Danach wird das Eis für die Seehunde zu dick, um noch durch die Eisdecke dringen zu können. Um diese Zeit verlassen sie die Buchten und wenden sich der offenen See zu. So lange sie sich erinnern konnten, hatten die Kinder bei dieser Jagd an den Uglus mitgemacht, und auch dieses Mal freuten sie sich darauf.

Als Umialik am nächsten Morgen zum Iglu zurückkehrte, sagte sie zu Salumo, nachdem sie die Felldecken ausgeschüttelt hatte: «Jetzt können wir nach den Seehunden in ihren Uglus Ausschau halten, das Eis ist hart und dick genug.»

Sie zog ein Paar feste Schuhe aus weichem, haarbesetztem Hundeleder an; mit ihnen konnte sie sich lautlos auf dem Eis bewegen.

Salumo erinnerte sich, dass Umialik sie letzten Winter genäht hatte, als ein Hund des Gespannes eingegangen war.

«Da hast du deine warmen Fausthandschuhe, Salumo!», sagte sie. Dann ergriff sie Wurfspieß und Leine und ging zum Schneehaus hinaus, während Salumo hinter ihr hertrabte. «Es gibt noch immer unsichere Stellen im Eis», warnte sie ihn, «wir müssen aufpassen.» Weiter draußen sahen sie, wie andere Seehundjäger das Eis mit den Speerspitzen auf seine Tragfähigkeit prüften. Hie und da sah es dunkel und trügerisch aus, auch offene Stellen gab es noch, wo die schwarzen Wellen das Wasser über den Eisrand spülten. Die Jäger vergaßen keinen Augenblick, dass sich unter dem Eis, auf dem sie gingen, dunkles, gefährliches Wasser bewegte. Viele ihrer Leute waren schon in dieser Jahreszeit ertrunken.

«Ich gehe zu jenem Uglu da draußen und du treibst mir den Seehund zu!», bestimmte Umialik. «Wir brauchen einen Seehund, unser Fischvorrat ist fast aufgezehrt.» Langsam und vorsichtig tastete sie sich zu «ihrem» Uglu und blieb dort regungslos stehen. Ein Seehund konnte ihren Schatten auf dem Eis sehen, solange sie sich aber nicht bewegte, dachte er, dass der Schatten nur von einer Eisanhäufung herrühre. Sie wagte weder zu husten noch mit dem Fuß ein Geräusch zu verursachen oder ihre Stellung zu verändern, denn in diesem Augenblick würde der Seehund verschwinden und nie mehr zu seinem Atemloch zurückkehren.

Tuklavik und Suatsuak hatten an zwei Uglus, die sich in einiger Entfernung befanden, Aufstellung genommen.

Nun waren die Kinder an der Reihe, die Seehunde den Jägern zuzutreiben. Sie rannten auf das Eis hinaus, stampften in alle kleinen Einbuchtungen des Ufers und besuchten alle Uglus, mit Ausnahme derjenigen, an denen die Jäger standen. Jedes der Kinder war mit einem Stock bewaffnet, den es in die Uglus hineinstieß, wusste man doch, dass die Seehunde niemals zu einem Atemloch zurückkehren, von dem sie verscheucht worden waren. Schließlich blieben den geängstigten Tieren nur die Uglus zum Atemholen übrig, die von den Seehundjägern besetzt waren.

Salumo schaute zu Umialik hinüber, die regungslos und geduldig, in ihre Pelze gehüllt, am Uglu wartete. Still stand sie da, die Blicke auf das Luftloch gerichtet, den Wurfspieß in der rechten, die Leine in der linken Hand. Plötzlich bemerkte Salumo, wie sich ihre Gestalt in die Höhe reckte, wie sie den Wurfspieß langsam hob und sich zum Wurf anschickte. Ein Seehund hatte sich gezeigt!

Dann sah er, wie der Wurfspieß nach unten zuckte, gewaltig, schnell und zielsicher. Der Schaft war noch in Umialiks Hand, aber die Speerspitze war tief in den Körper des Seehundes eingedrungen, und die daran befestigte Leine wurde schnell unter das Eis gerissen.

Salumo ließ den Stock fallen und rannte zu seiner Umialik, um ihr zu helfen. Sie hatte sich die Leine um die Schultern gelegt, damit sie ihr nicht so schnell durch die Hände glitt. Als er sie erreichte, hatte sie sich bereits auf den Boden geworfen und strengte sich mit ihrer ganzen Kraft an, die Leine nicht aus den Händen zu lassen, während der Seehund tauchte, um sich schlug, hin und her raste und um sein Leben kämpfte.

Salumo griff dicht hinter Umialiks muskulösen Händen zu. Zusammen zogen sie nun die Leine Zoll um Zoll ein. Dann gab es plötzlich einen Ruck, und wieder mussten sie nachgeben und Leine lassen. Nach einer Weile konnten sie sie wieder einziehen.

«Er wird müde, die Leine ist schlaff!», rief Umialik und holte tief Atem. «Er braucht Luft.»

Bald merkte auch Salumo, wie die Leine nachgab. «Glaubst du, dass er kommt und hier Atem schöpfen wird?», fragte er und holte die noch immer schlaffe Leine ein.

«Ami-lang, er muss doch atmen. Und er kann nicht an einem anderen Uglu Luft schöpfen. Die Spitze des Wurfspeeres steckt in ihm und die Leine ist ja daran befestigt. Aber sei jetzt ruhig! Er kommt!» Bei diesen Worten stand Umialik auf und hielt den scharfen Speer in der Hand, bereit, dem Tier den Todesstoß zu versetzen.

Salumo hockte vor dem Uglu und starrte wie gebannt auf die kleine Öffnung im Eis, in der das schwarze Wasser sichtbar war. Er war ungeheuer gespannt. Auf einmal kräuselte sich das dunkle Wasser und ein glatter Kopf mit zwei großen Augen tauchte auf. Puh-huh! Der Seehund blies ihm fast in das Gesicht, sodass er vor Schreck nach rückwärts überkippte. Umialiks blitzschnellem Wurf entging der Seehund aber nicht.

«Wir haben ihn!», schrie sie. Schnell packten sie die Speere und erweiterten das Loch im Eis.

Dann zogen sie mit ihrer ganzen Kraft und brachten den schweren Seehund glücklich aus dem Wasser und über den Eisrand auf die Oberfläche.

«U-ii! U-ii!», riefen nun die beiden. Die anderen Jäger winkten und antworteten: «U-ii! U-ii!», erfreut, dass Umialik erfolgreich gewesen war – jetzt hatten alle wieder Fleisch und Fett!

Nun zogen sie eine Leine durch die Schnauze des Seehundes, und Salumo holte seine Kameraden, während Umialik auf das Eis zurückkehrte, um noch einmal ihr Jagdglück zu versuchen. Nun kamen auch Angmak, Supeali und Ittuk herbei, um zu helfen.

Angmak setzte sich rittlings auf den Seehund und lachte aus vollem Halse, während die drei sie über das Eis schleppten. Bald aber stieß Ittuk sie hinab und erklärte: «Jetzt will ich reiten. Ittuks Beine sind müde vor lauter Herumlaufen. Ittuk hat den Seehund zu dem Uglu hinübergejagt, sodass Umialik ihn erlegen konnte.»

«Kein Wunder, dass er erschreckt dreinsah, als er aus dem Wasser guckte», kicherte Salumo. «Er hat dich gesehen. Und dieser Anblick jagt Mensch und Tier Angst ein.» Schon fingen die beiden Jungen darüber zu streiten und zu raufen an.

Schließlich erinnerte Supeali, die Vernünftigste von allen, daran, dass der Seehund nach Hause gebracht werden müsse, weil er gefroren sehr schwer abzuhäuten sei. «Wir müssen uns beeilen!», sagte sie.

Schnell schleppten sie nun den Seehund zu den Iglus, wo die Frauen schon mit ihren scharfen Ulus warteten, um das Abhäuten vorzunehmen. Suatsuaks Frau nahm die abgezogene Seehundhaut in ihre Behausung, um sie vollends zu reinigen und abzuschaben. Nach der Abhäutung wurde das Fleisch zerlegt und die Eingeweide den Hunden überlassen, die sich gierig darauf stürzten. Abends würde man frisches Fleisch essen, den Rest frisch trocknen und dann unter die Familien verteilen. Jeder hatte Anteil an dem guten Seehundfett. Und besonders dankbar waren sie dem Geschick, weil sie nun wieder Öl für die Lampen hatten.

Da in den nächsten Tagen weitere Seehunde erlegt werden konnten, waren alle mit Arbeit voll beschäftigt. Sie wussten jedoch, dass sie bald wieder aufbrechen mussten, denn das Eis fing bereits an, für den Bau von Uglus zu dick zu werden. Dann verschwanden die Seehunde hinaus auf die offene See, also außer Reichweite, oder in andere ruhige Buchten, wo man sie am Rande des Eises antreffen konnte.

Die ungeheure Winterkälte war bereits im Anzug. Die Tage wurden stürmisch, der Wind blies heftiger, ein Zeichen dafür, dass bald starkes Schneetreiben einsetzen würde. Die Eskimos wussten, dass ihnen schwere Tage bevorstanden. Aber gerade so, wie sie nicht an den Hunger und das Unbehagen von gestern dachten, waren sie heute für das dankbar, was sie besaßen, und hatten keine Angst vor dem, was das Schicksal ihnen für die kommenden Tage aufgespart hatte.

Eine stürmische Nacht

Der Winter kam mit seinen langen grauen Tagen. Schwere Schneefälle hüllten das weite Land in ein weißes Laken ein. Buchten und Flüsse froren endgültig zu. Draußen auf dem Meer krachten ungeheure Eisberge gegeneinander und rieben sich gegenseitig auf.

Wieder hatten sich die Familien auf der Suche nach Nahrung zerstreut und jagten an den gefährlichen Kaps, an der Küste und an den gefrorenen Buchten entlang. Aber die Seehunde waren selten geworden und noch dazu schwer zu erlegen. Der drohende Hunger stand immer vor der Tür.

Umialik und Salumo hatten sich Suatsuaks Familie angeschlossen. Die beiden Hundegespanne schleppten die schwerbeladenen Schlitten langsam durch den tiefen Schnee in Richtung auf den zugefrorenen See. Die Leute, die müde neben den Schlitten herstapften, zuckten manchmal vor Schmerz zusammen, wenn ihnen scharfe Eiskristalle, die über den dahinwehenden Schnee getrieben wurden, ins Gesicht peitschten. Ab und zu schnitten sie in die Haut, und dann gefroren ihnen die roten Blutströpfchen auf den Wangen.

Salumo und Ittuk stampften Seite an Seite schwer durch den Schnee und hielten sich dicht aneinander, um gemeinsam dem Schneetreiben leichter widerstehen zu können. Sie sprachen kein Wort: nur mühsam und schwer atmend kämpften sie sich vorwärts.

Als sie auf die große Ebene hinaufkamen, packte sie ein wütender Sturm, der heulende Wind peitschte ihnen um die Ohren – kaum konnten sie sich auf den Füßen halten. Fast zu Boden gedrückt, bahnten sie sich einen Weg und versanken mit jedem Schritt knietief in dem weichen Schnee.

Die Eskimos wollten lagern und ein Schneehaus bauen, aber bei diesem Orkan war es ganz unmöglich. So kämpften sie sich denn weiter. Die Gespanne gaben her, was sie konnten, aber man kam nur schwer und langsam voran. Salumo taten die armen Hunde Leid, die wie Kaninchen durch den tiefen Schnee sprangen.

Endlich gelangten sie in die Nähe eines Hügels, der ihnen etwas Schutz bot. Suatsuak hielt die Hunde an und schaute umher. «Das ist ein Platz», meinte er, «an dem wir lagern könnten. Wir müssten noch lange marschieren, bis wir wieder eine so geschützte Stelle finden.»

«Ami-lang! Er ist nicht besonders gut, aber es wird schon gehen», antwortete Umialik.

Suatsuak fing sofort an, sein Iglu zu bauen. Er stieß mit seinem Messer aus Walrosszahn tief in den hart gebackenen Schnee, um Schneeblöcke herauszuschneiden, aber der Sturm riss sie ihm aus der Hand, als er sich abmühte, sie aufeinander zu setzen. Schließlich gelang es ihm, zwei Reihen aufeinander zu stellen. Dann, gerade als er sich bückte, um den ersten Block für die dritte Reihe herauszuschneiden, wirbelte plötzlich eine heftige Bö alles hinweg. Auch Suatsuak entschwand den Augen der Übrigen. Als die Schneebö etwas nachließ, kam er aus den Trümmern der Schneeblöcke hervorgekrabbelt und kletterte keuchend und prustend wieder zu den Seinen.

Er sah so komisch aus, dass Salumo und Ittuk sich das Lachen nicht verkneifen konnten. Aber Salumo verstummte sofort, als er Umialiks tadelnden Blick bemerkte. «Salumo», sagte sie, «Suatsuak ist ein guter Iglubauer, es ist schwer, während eines Blizzards ein Schneehaus zu bauen. Komm! Mach dich an die Arbeit, du kannst jetzt helfen, dein Iglu so fest zu bauen, dass der Sturm ihm nichts anhaben kann!»

Bei gutem Wetter und Schnee kann ein Eskimo in kurzer Zeit ein Schneehaus bauen, in einem so schrecklichen Unwetter aber war es sogar für zwei eine schwierige Aufgabe. Salumo hielt die Schneeblöcke fest, während Umialik sie herausschnitt, hochhob und aneinander reihte. Ittuk half dann später auch Suatsuak beim Bau seiner Behausung.

Als Umialiks Iglu fertig dastand, schaute sie es besorgt an. Sie wusste sehr gut, dass ihr Iglu kein sicheres Nachtquartier darstellte. Wenn der Wind seine Richtung wechselte, konnte es nur zu leicht einstürzen. Dann würden sie während der Nacht draußen stehen, im stürmenden Blizzard. Sie schauderte bei diesem Gedanken. Ohne Schutz und Unterschlupf konnte niemand eine solche Nacht überstehen. Sie schaute um sich, aber sie konnte Suatsuaks Iglu in dem dichten Schneetreiben schon nicht mehr sehen. Nur ein Geräusch war zu hören: das Geheul des Windes. Aber die «Guten Schatten» standen ihnen zu Häupten, ihr weiches, gelbliches Licht sickerte durch das Schneegestöber und flößte den erschöpften Leuten ein Gefühl des Geborgenseins und der Ruhe ein. Der gute Geist war ihnen nahe und schenkte ihnen Licht und Unterkunft.

Jetzt ging es an die Schlitten, die abgeladen werden mussten.

Es gab nun mit dem Sturm einen schweren Kampf zu bestehen, wenn man nicht wollte, dass einem die Habe aus den Armen gerissen wurde. Und den Schnee musste man aus jedem Fell herausschlagen, ehe man es in das Iglu tragen konnte. Das war für alle eine anstrengende Arbeit, denn der Schnee peitschte ihnen während der Arbeit in das Gesicht, sodass sie kaum atmen und sehen konnten. Als alles abgeladen war, stellte Umialik den Schlitten gegen das Haus, damit er nicht im Schnee verschwand.

Zuletzt nahm Salumo den Hunden das Geschirr ab und wickelte die Leinen auf. Bei dieser Arbeit bemerkte er, dass die Augen der Hunde mit Eiskrusten bedeckt waren.

«Anának, die Hunde können nicht mehr sehen, ihre Augen

sind ganz mit Eis bedeckt!», rief er. «Wir wollen ihnen helfen», antwortete Umialik tröstend, «sie werden sich wieder wohl fühlen, wenn sie vom Eis befreit sind.»

Salumo sah, wie Umialik bei diesen Worten ihre Fäustlinge abnahm und mit ihren warmen Händen das Eis an den Augen der Hunde auftaute. Es ging leicht weg, und die Hunde wedelten vor Freude mit dem Schwanz und leckten ihr aus Dankbarkeit das Gesicht, als sie sich über sie beugte.

Auf der dem Wind abgewandten Seite des Schneehauses fanden die Hunde vor dem Sturm Schutz. Jeder drehte sich zwei- oder dreimal herum, machte sich eine kleine Vertiefung im Schnee und ließ sich darin mit dem Kopf zwischen den Pfoten nieder. Sie lagen dicht aneinander, damit sie sich gegenseitig wärmten. Bald hatte sie der Sturm mit Schnee bedeckt. Wären nicht ihre sich hin und her bewegenden Ohren gewesen und ihre schwarzen Schnauzen, die ein wenig aus dem Schnee hervorguckten, dann hätte man sie für kleine Hügel im Schnee halten können. Salumo wusste, dass sie sich während der Nacht wohl fühlen würden, denn der Schnee hielt warm.

Schließlich gingen Umialik und Salumo in ihr Iglu. Während Salumo einen großen Schneeblock an den Eingang schob, um den wirbelnden Schnee abzuhalten, machte sich Umialik an der Lampe zu schaffen, denn es war im Schneehaus noch recht kalt.

Als die Lampe ihr mildes Licht verbreitete und der Lärm des Blizzards kaum mehr zu hören war, fühlten sie sich im Iglu einigermaßen wohl und zufrieden. Aber aus Umialiks Gesichtszügen wich dennoch nicht eine leise Spannung, selbst dann nicht, als sie ihre Pfeife stopfte und in Brand setzte. Immer wieder schaute sie die Wände des Hauses an, als müsste sie eine Stelle entdecken, die nicht ganz fest war.

Salumo folgte ihren Blicken und fragte: «Ist etwas nicht in Ordnung?»

«Vieles kann in einem Blizzard nicht in bester Ordnung sein», gab ihm Umialik zur Antwort. «Solange der Wind nicht umschlägt, sind wir durch den Hügel vor der Wucht des Sturmes geschützt. Wir werden heute Nacht gut tun, unsere Kleider nicht abzulegen, nur die Überröcke. Schlafe in deinem Karibufellkleid! Es könnte sein, dass wir in größter Eile aufstehen müssen.»

Sie hatten gerade etwas Nekko gegessen und Salumo schickte sich an, zu Bett zu gehen, als Umialik sagte: «Warte, Salumo! Zieh deine Überkleider noch nicht aus, wir brauchen Eis, um daraus Trinkwasser zu gewinnen. Ich möchte dich nicht allein im Iglu lassen, es könnte vom Wind während meiner Abwesenheit eingedrückt werden. Zu gerne würde ich in unserem Schneehaus sitzen bleiben, aber wir brauchen Wasser. Schnür deine Stiefel zusammen, dass kein Schnee eindringen kann, und gib mir die Leine da! Du musst dich ganz dicht an mich halten, sonst verlieren wir uns in diesem fürchterlichen Schneegestöber.»

Salumo freute sich darauf, bei diesem Unwetter mit Umialik Eis holen zu dürfen. Es war ihm inzwischen warm geworden, und so war er gerne bereit, mit ihr zu gehen, wohin es auch sein mochte. Sie waren schon früher bei solchen Stürmen hinausgegangen, und er war stolz darauf gewesen, dass Umialik ihn auf so gefährliche Unternehmungen mitnahm.

Umialik schlang ein Ende der langen Leine um Salumos Schulter und Achsel, dann befestigte sie das andere Ende um ihre Hüfte. Nun ergriff sie ihren spitzen Speer und entfernte den Schneeblock vom Eingang. Ein Windstoß fuhr ihnen ins Gesicht, als sie hinauskrochen und den Eingang wieder mit dem Schneeblock verschlossen. Der Blizzard nahm ihnen den Atem, sodass sie eine Weile keuchend dastanden. Umialik stieg nun den Hügel hinan, sie konnten ihn zwar nicht sehen, aber sie wussten, dass er sich dort befand.

Salumo fühlte, wie sich die Leine spannte, und so folgte er in der Richtung, die Umialik eingeschlagen hatte. Ihre Fußstapfen füllten sich wieder mit Schnee, kaum dass sie getreten worden waren, aber er folgte dem Zug der Leine, stolperte hinter seiner Umialik her und bedeckte sich das Gesicht mit den Armen. Manchmal ließ das Schneegestöber etwas nach und er konnte Umialiks vornübergebeugte Gestalt erkennen.

Sie erreichten endlich den schützenden Hügel, und Salumo wäre fast nach vorne gefallen, als der Wind plötzlich ganz aussetzte. Umialik klopfte sich schwer atmend den Schnee von den Kleidern und rieb sich kräftig die Haare, um den Schnee aus ihren Flechten zu entfernen. Sie blinzelte mit den Augen zu Salumo hinüber und sagte: «Reib dir das Eis aus den Haaren! Du siehst ja vor lauter Schnee wie ein leibhaftiger Eisbär aus.»

Salumo folgte den Worten seiner Anának und schüttelte sich. Es tat ihm gut, sich die Kopfhaut zu reiben und dabei auch die Finger zu erwärmen.

«Da drüben ist ein Bach», sagte schließlich Umialik und deutete auf spiegelglattes Eis, das von Schnee vollständig freigeweht war.

Bald war Umialik mit ihrem Speer beschäftigt, kleine Stückchen Eis aus dem Bach herauszuschlagen. Als sie mehrere Stücke losgeschlagen hatte, warf sie diese auf das Ufer. Salumo half ihr dann, sie in einem Beutel aus Seehundleder zu verstauen und die Enden fest zu verschnüren. Dann waren sie fertig und wollten zum Iglu zurückkehren. Sie konnten es jedoch nicht sehen, so dicht war das Schneegestöber.

«Pass gut auf, Salumo, wir müssen jetzt wieder durch den Blizzard!», warnte Umialik.

So machten sie sich denn auf den Rückweg und schleppten ihren Sack Eis mit sich. Salumo stapfte mit, schloss die Augen oder bedeckte sie mit dem Arm und folgte immer dem Zug der Leine. Nachdem sie bereits länger als auf dem Hinweg gegangen waren, erkannte Umialik, dass sie die Richtung verfehlt hatten. Sie konnten weder ihre Behausung sehen noch sich klar werden, wo sie waren. Da Umialik sich nicht das erste Mal in einer solchen Situation befand, wusste sie sich zu helfen. Sie legte die Hände an den Mund und rief laut und lang: «U-ii! U-iii!» und lauschte jedes Mal, ob nicht eine Antwort käme. Würde ihre Stimme den heulenden Sturm und den wild dahintreibenden Schnee übertönen?

«U-ii, U-ii!», antwortete man seitlich und in nächster Nähe. «U-ii! U-ii!!»

Sie gingen dem Ruf nach und erreichten schnell das Iglu, wo Suatsuak immer wieder rief, um sie heimzulotsen.

«Wir haben unser Iglu im Sturm verfehlt», keuchte Umialik atemlos, «und fanden nicht mehr zurück.»

«Ami-lang!», antwortete Suatsuak. «Das ist ein böser Sturm. Ich hätte dich nicht gehört, wenn nicht die Hunde deine Rufe vernommen und gebellt hätten.»

«Brauchst du Eis zum Schmelzen?», fragte Umialik.

«Ja», antwortete er, «gerade wollte ich welches holen.»

«Nimm von unserem», forderte sie ihn freundlich auf, «wir brauchen nicht alles.»

Suatsuak nahm das Eis gerne an und brachte es in sein Iglu. Umialik und Salumo klopften sich noch gegenseitig den Schnee aus den Kleidern, und dann traten sie in die warme Behaglichkeit ihres Hauses.

Salumo hatte das Gefühl, als ob er gerade eingeschlafen wäre, da wurde er durch eine gewaltige Erschütterung aufgeweckt: er befand sich mitten im heftigsten Schneetreiben. Er war zwar noch in seinem Schlafsack, aber das Schneehaus war fort. Inmitten des Sturmgeheuls hörte er, wie Umialik ihm zurief: «Pack deine Felle! Wickle deine Kleider in die Felle! Los! Pass auf! Unser Haus ist zerstört!»

Salumo sah recht gut im Licht der «Guten Schatten», wie die Lage war. Er griff noch im Liegen nach allem, was in seiner Nähe war, aber die Kleider, Stiefel und Bettfelle flogen überall herum. Gerade als er nach seiner guten Jacke aus Seehundfell langen wollte, hob ein Windstoß sie in die Höhe und entführte sie durch die Lüfte.

«Schnell! Salumo! Lauf ihr nach!», schrie Umialik. Sie selbst versuchte so viel zu erhaschen, wie sie konnte. Sie rannte den Kleidern nach und stürzte sich auf sie, wenn der Wind sie davonwehen wollte.

Salumo strampelte sich aus seinem Schlafsack, froh, dass er sich nicht ausgezogen hatte, und jagte hinter der entschwindenden Jacke her. Sie fiel auf den Schnee, aber gerade als er die Hand nach ihr ausstreckte, packte sie ein neuer Windstoß und weg war sie.

In diesem Augenblick kam Suatsuaks Familie herausgestürzt. Sie war durch das Gebell der Hunde geweckt worden. Ittuk half nun Salumo bei der Jagd nach der Jacke. Immer wieder kamen sie ihr ganz nahe, aber plötzlich hob der Wind sie wieder in die Höhe. Ittuk gelang es, als der Sturm einen Augenblick abflaute und die Jacke auf den Schnee fiel, sich darauf zu werfen. Salumo ließ sich neben Ittuk niederfallen. Den Wind im Rücken lagen sie nun da, keuchten und schnauften und lachten herzlich nach ihrem Wettrennen.

«Ich hätte sie wahrscheinlich nie mehr bekommen, wenn du sie nicht erwischt hättest», sagte schließlich Salumo. «Und das ist mein guter, warmer Rock. Aber jetzt wollen wir noch unsere Felldecken suchen. Sie haben sich auch schon selbständig gemacht.»

Nach einiger Zeit hatten sie wieder alles beisammen. Dann bauten Suatsuak und Umialik um Suatsuaks Iglu eine Schneemauer, um es vor Zerstörung zu schützen. Gegenseitig klopften sich dann Umialik und Salumo den Schnee aus den Kleidern und Decken und trugen alles in Suatsuaks Iglu, wo sie den Rest der Nacht verbrachten.

«Nach diesem Blizzard werden wir schnell mit unserem

Schlitten vorwärtskommen, denn das gibt einen festen und harten Schnee», meinte Umialik.

«Ami-lang!», bestätigte Suatsuak. «Ich hoffe nur, dass der Blizzard bald nachlässt, unsere Lebensmittelvorräte gehen zur Neige.»

Bald schlief Salumo fest in seinem Schlafsack, denn er hatte einen anstrengenden Tag und eine wahrhaft wilde, stürmische Nacht hinter sich.

Abschied

Als die beiden Familien am nächsten Morgen aufstanden und hinausgingen, schien es, als hätte der Blizzard nie gewütet. Er hatte sich selbst erschöpft, und außer dem Schnee, der von einem leichten Luftzug über die harte Oberfläche geweht wurde und kleine Figuren bildete, lag alles in tiefstem Frieden.

Salumo rief seine Hunde. «Sokkotuk! Mannik! Apoti!» Sofort wurden die kleinen Schneehügel lebendig, die Hunde rieben sich den gefrorenen Schnee vom Rücken und schüttelten sich so heftig, dass Salumo einen Augenblick glaubte, ihre Schwänze würden abreißen. Er sah, wie der kleine Mannik sich aus seinem warmen Bett herausschälte, sich immer wieder schüttelte, sich streckte, mit weit geöffnetem Maul gähnte und die Zunge rollte. Salumo lachte und legte seinen Arm um den Hals des Hundes. «Du fauler kleiner Kerl!», sagte er zu ihm. «Du hast während des Sturmes die ganze Nacht über gut geschlafen, ich aber habe mein Haus verloren und musste im Blizzard hinter meinen Kleidern herjagen.»

Umialik ging zu der Stelle hinüber, wo vorher ihr Iglu gestanden hatte. Nur ein paar zerbrochene Schneeblöcke ragten noch aus dem Schnee hervor. Nun nahm sie ihr Messer und stach dort in den Schnee, wo sie ihre Lampe vermutete. Ein Lächeln huschte über ihr breites Gesicht, als sie die Kostbarkeit unbeschädigt hervorholte. Dann zerrte sie den Schlitten heraus, der nun unter den Trümmern des Hauses und unter dem Schnee begraben lag.

Bald hatte sie ihr Hab und Gut wieder ausgegraben. Sie wandte sich an Suatsuak und sagte: «Die Hunde sind ausgeruht, wir werden eine gute Fahrt haben.»

«Ami-lang!» Suatsuak nickte. «Brechen wir nach dem großen See auf!»

Umialik war stolz auf ihr Gespann, als sie es anschirrte und an den Schlitten band. Salumos junge Hunde Sokkotuk, Mannik und Apoti liefen nun Seite an Seite mit den alten Tieren. Es waren gute Zugtiere. Ein kurzer Befehl und ein Peitschenknall, die Hunde schauten einen Augenblick um sich, dann spannten sich die Zugleinen, und fort ging es in rascher Fahrt. Ihre buschigen Schwänze wedelten vor Freude hin und her: sie waren froh, wieder auf Fahrt zu sein. Salumo und Umialik trabten neben ihnen her, auf dem Weg nach neuen Jagdgründen.

Suatsuak und Ittuk folgten mit ihrem Gespann. Ittuks Mutter, mit dem Töchterchen in der Kapuze, saß auf dem Schlitten.

Den ganzen Tag fuhren sie flussaufwärts. Manchmal kamen sie an einen Wasserfall, der über das Eis sprudelte, dann mussten sie ihn abseits vom Flusslauf umgehen. Einmal, als sie hielten, um die Zugleinen zu entwirren, schlug Umialik vor, die Nacht durchzufahren und abends kein Lager aufzuschlagen. «Die Nacht wird hell werden und wir können gut fahren», meinte sie und schaute auf das Sterngeflimmer am dunkelblauen Himmel.

«Ami-lang!», stimmte Suatsuak bei. «Wir verschwenden nur Zeit, wenn wir Halt machen und unsere Schneehäuser bauen. Die ‹Guten Schatten› werden uns den Weg zeigen.»

Sein Gespann übernahm jetzt die Führung, um Umialik Ruhe zu gönnen. Ihre Hunde würden nun den seinen folgen, und sie brauchte sie weder zu lenken noch anzufeuern. Als sie wieder einmal von einem felsigen Hügel auf das Eis hinunterfuhren, ging die Fahrt schnell und glatt dahin, und alle setzten sich auf die Schlitten. Die Nacht war ruhig, nur das Geräusch der über das Eis dahingleitenden Kufen war zu hören, das Schnaufen der Hunde, deren Atem in weißen Wölkchen vor den Schnauzen dampfte, während sie mit heraushängenden Zungen in scharfem Trab dahinsausten.

Einmal wurde die Stille der Nacht durch das lang gezogene Geheul eines Wolfes, das aus dem nahen Gebirge herüberhallte, unterbrochen. Suatsuak schaute in die Richtung, aus der der Laut kam. «Da drüben müssen Karibus sein», erklärte er. «Der Wolf hat die Spur eines Karibu entdeckt und ruft nun seine Genossen, sich der Verfolgung anzuschließen.»

Die Hunde zogen die Schwänze ein und warfen furchtsame Blicke zu den Bergen hinüber, als die Antwort weiterer Wölfe über den Fluss herüberschallte. Da die Eskimos wissen, dass Wölfe feige sind, hatten sie keine Angst vor ihnen. Sie klatschten in die Hände und feuerten die Hunde an, sich ordentlich anzustrengen. Wieder war alles still, während die Schlitten den Fluss entlangglitten.

Der Morgen war bereits angebrochen und das Nordlicht wurde immer schwächer, als sie endlich an den großen, eisbedeckten See kamen. Einige Schneehäuser sagten ihnen, dass sie nicht die Ersten am See waren. Als sie näher kamen, erkannten sie zu ihrer Freude Tuklavik und Ikkerra, die gerade aus ihren Iglus traten.

Dann kamen ihnen auch schon Angmak und Supeali entgegengerannt. Die vier jungen Freunde schauten einander an und freuten sich, wieder beisammen zu sein.

Nach kurzer Zeit standen zwei weitere Schneehäuser, und die müden Ankömmlinge fanden gute und sichere Unterkunft. Die Pfeifen wurden angezündet und fröhlich plauderte man. Suatsuak und Umialik freuten sich, als sie hörten, dass es genug Fische gab und ihnen ein sorgloses Leben in Aussicht stand.

In den nächsten Tagen fischten und arbeiteten die Eskimos und besuchten einander. Als Umialik eines Morgens aus ihrem Iglu herauskam, sah sie, wie Tuklavik Suatsuak half, Schlittenkufen auszubessern. Einige andere Eskimos hatten sich um die beiden versammelt, und mit großem Eifer wurde etwas besprochen. Umialik mischte sich unter die Leute und hörte mit Erstaunen, wie Suatsuak gerade sagte: «Wir haben uns entschlossen, zu unseren Verwandten zurückzukehren. Wir sind nun lange fort gewesen. Suatsuak hat eine Mutter, die wegen seiner langen Abwesenheit in Unruhe sein wird.»

Ittuk und Salumo schauten einander entsetzt an, denn der Gedanke an Trennung erschien ihnen furchtbar. Auch Angmak und Supeali waren traurig, weil Ittuk von ihnen gehen sollte.

Als Suatsuak ihre enttäuschten Mienen sah, stand er auf, lächelte und sagte: «Viele Monde kommen und gehen, aber die Eskimos wandern immer, und es wird einmal wieder die Zeit kommen, da wird sich Ittuk bei euch einfinden.»

Viele Vorbereitungen mussten an diesem Tage für die Abfahrt getroffen werden. Ikkerra kam mit einem Arm voll Pepsi und zwei Seehundfellen. Er trat in Suatsuaks Iglu ein und sagte: «Ihr fahrt jetzt viele Tage über Land und braucht daher viel Nahrung für euch und die Hunde. Da sind auch zwei Seehundfelle für euch. Ikkerra ist traurig, weil ihr fortzieht.» Dann ging er so schnell hinaus, wie er gekommen war.

Suatsuak besaß bald einen ordentlichen Vorrat an Nahrung und eine Menge Felle, die ihm seine Freunde und Bekannten geschenkt hatten und die er am nächsten Morgen auf seinem Schlitten verstaute.

Die Kinder versammelten sich am Abend in Umialiks Iglu. Da sie wussten, dass Ittuk zum letzten Mal bei ihnen war, kam keine rechte Stimmung zum Spielen auf, sie sprachen stattdessen von ihren gemeinsamen Erlebnissen.

«Erinnerst du dich noch daran, als das Dach unseres Schneehauses einfiel und der Nanuk zu uns hereinschaute?», lachte Angmak. «Wie wir alle in unseren Schlafsäcken verschwanden!»

«Ich denke daran, dass wir ein neues Baby haben», warf

Supeali ein. «Nie werde ich vergessen, wie ich aufschaute und das winzige Gesichtchen von Ittuks Schwesterchen sah.»

Ittuk zögerte keinen Augenblick, in das Gespräch einzustimmen: «Ja, und wenn man mit ihr spricht, lacht sie einen an. Sie ist ein gutes Baby.» Und dann schmunzelte er und dachte an jenen Tag im Umiak.

«Wenn wir im Winter im Hochland auf die Karibujagd gehen», mischte sich Salumo ins Gespräch, «hoffe ich den großen Karibuhirsch zu sehen, der die Herde anführt. Wie stark und stolz war er doch mit seinem Geweih! Es sah so schwer aus, dass ich glaubte, er könne es nicht lange tragen.»

«Ja», erwiderte Ittuk, «ich hoffe, dass ihm nie jemand ein Leid zufügt. Ich glaube auch nicht, dass es jemand fertig bringt, denn er ist klug. Er weiß immer, wie er es anstellen muss, um den Jägern zu entgehen. Er ist der König der Karibus.»

Supeali sah Salumo mit glänzenden Augen an: «Ich glaube, das schönste ist doch ‹Salumos fröhlicher Musikkasten›.»

«Lass ihn tönen, Salumo!», schrien nun alle durcheinander, denn Salumo hatte einige Weisen spielen gelernt, welche die Eskimos den Seeleuten abgelauscht hatten. Eine ihrer Lieblingsmelodien war: «Heimat, teure Heimat».

Umialik langte schon nach dem mit Seehundfell eingehüllten Koffer und zog das Akkordeon heraus, denn auch sie hörte den «fröhlichen Musikkasten» gerne.

Salumo begann zu spielen, aber nach einer Weile schauten sich die Kinder an und brachen in lautes Gelächter aus, denn draußen heulten die Hunde schrecklich: noch immer hatten sie eine große Abneigung gegen die «fröhlichen Töne».

«Ich werde deinen ‹fröhlichen Musikkasten› arg vermissen», sagte schließlich Ittuk.

«Es tut mir Leid, dass du fortgehst, Ittuk», antwortete Salumo, «aber vielleicht kommt ihr wieder an die Küste, und dann fahren wir miteinander in Tuklaviks großem Umiak auf dem Meer.»

Nachdem die Kinder gegangen waren, schob Umialik den Schneeblock vor den Eingang des Iglus. Als Salumo in seinem warmen und wohligen Schlafsack verschwunden war, zog sie ihre Schuhe aus und stellte sie zum Trocknen auf. Dann setzte sie sich im Schneidersitz auf die Felle und langte nach ihrer Pfeife. Sie wollte noch ein Pfeifchen rauchen, bevor auch sie sich schlafen legte. Wie sie so dasaß und paffte, dachte sie an alles, was die Kinder gesagt hatten, und wiegte sich in Gedanken hin und her. Ami-lang, das war ein gutes Jahr gewesen, Freunde waren gekommen, den ganzen Sommer hatte man der Jagd nachgehen können, man hatte viele Fahrten an der Küste gemacht. Und nun kehrte Suatsuak zu seinen Verwandten mit einem kleinen Kind zurück, das seine Frau in der großen Kapuze mit sich trug.

Ihre Augen ruhten liebevoll auf Salumo, der sich tief in seinen Schlafsack verkrochen hatte. Er wurde groß, dieser ihr Sohn, und auch ein guter Jäger. Sie lächelte, und zufrieden murmelte sie: «Ami-lang!» Stürme wird es auch in Zukunft geben, vielleicht auch Hunger, aber alles das lag in weiter Ferne. Heute war alles gut, und Umialik war von Herzen zufrieden.

Sie legte die Pfeife beiseite, packte den langen, fettigen Lampengriff und verkürzte den Docht. Dann legte sie ihre Pelzkleider ab und schlüpfte in ihren warmen Pelzschlafsack. Bald atmete sie langsam und regelmäßig. Draußen aber funkelten und leuchteten die «Guten Schatten» am weiten Himmel.

Was die Eskimowörter bedeuten

Ak-su-se: Gruß beim Weggehen oder Kommen
Ami-lang: ja
Anának: Mutter
Angmak: Mädchenname
Apoti: Hundename
Atschuk: Ich weiß nicht
Attai: jetzt
Attua: Männername
Avaták: Boje aus Seehundfell

Chablonák: mit Haaren bedecktes Gesicht. Die Eskimos nennen die Weißen so.

Er ne ah lu mah: Mein Sohn tat es

Iglu: Eskimo-Schneehaus
Ikkerra: Männername
Ittuk: Jungenname

Kaguapik: Name eines Flusses
Kajak: Boot aus Fellen für Männer
Kak-pu-nga: Ich habe Hunger
Karibu: Ren, Rentier in den amerikanischen Polargebieten
Kómotik: großer Schlitten
Kónodschok: kleiner Fisch mit vielen Gräten (Spinnenfisch)

Mannik:	Hundename
Muk-tuk:	Haut des weißen Wales
Nanuk:	Bär, Eisbär
Nekko:	getrocknetes Fleisch
Nepescha:	Frauenname, Supealis Mutter
Pepsi:	getrockneter Fisch
Po-to-ko-mik:	Männername
Salumo:	Jungenname
Sokkotuk:	Name von Salumos Leithund
Suatsuak:	Männername, Ittuks Vater
Supeali:	Mädchenname
Ta-ve-se:	Auf Wiedersehen, lebt wohl!
Tsche-ke-tá-luk:	Name einer großen Bucht
Tuklavik:	Männername, Angmaks Vater
Uglu:	vom Seehund aufgebaute Kuppel, in deren Mitte sich das Atemloch befindet
Ulu:	gebogenes Steinmesser der Frauen
Umiak:	allgemeiner Name für Boot, besonders das große, mit Fellen bezogene Boot, das meist von Frauen gerudert wird
Umiak suak:	großes Boot, Schiff
Umialik:	Frauenname, Salumos Mutter

Die Baffin-Insel

auch Baffinland genannt, ist der Schauplatz unserer Geschichte. Mit 507 451 km² ist sie die größte und östlichste Insel des nordamerikanischen Polargebietes. Zu der Zeit, als Anauta aufwuchs, lebten dort etwa tausend Eskimos und wenige kanadische Jäger und Polizeiposten. Inzwischen hat die Insel rund viertausend Einwohner und es gibt etwa zehn größere Siedlungen. Politisch gehört sie zu Kanada.

In der zweiten Hälfte des 16. Jahrhunderts versuchte man immer wieder, zwischen Grönland und dem nordamerikanischen Festland die nordwestliche Durchfahrt, den Seeweg nach Asien, zu finden. Der englische Seefahrer Martin Frobisher (um 1535-1594) sichtete als Erster wieder die Küste Grönlands und entdeckte die Südküste der Baffin-Insel. Der Engländer William Baffin (1584-1622) gelangte auf seiner fünften Fahrt als Steuermann eines Suchschiffes in das Baffinmeer (Baffin-Bay) zum Baffinland und bis zum Smith-Sund, stieß aber nicht durch. Insel und Bucht erhielten seinen Namen. Erst zwei Jahrhunderte später hat man die Suche nach der Nordwest-Durchfahrt wieder aufgenommen. Vollständig gelang sie erst dem Norweger Roald Amundsen (1872-1928) in den Jahren 1903-1906.

Viele Fjorde durchziehen das vergletscherte Urgebirge im Osten und die flachere Küste im Süden der Insel. Große Hochflächen und eine endlose Eiswüste bedecken das Innere. Die Pflanzenwelt an der Küste ist sehr dürftig, die Tierwelt dagegen sehr reich. Es finden sich Karibu (Rentier), Polarrind (Moschusochse), Eisfuchs, Eisbär, Wolf, Hermelin, Lemming, Polarhase, Vielfraß. Tausende von See- und Wasservögeln nisten auf den Vogelbergen. Das Meer ist von ungeheuren Schwärmen großer und kleiner Fische, von Wal, Walross, Robbe und Seehund belebt. Die Bewohner ernähren sich von Pelztierjagd und Fischfang. Heutzutage leben viele in den Siedlungen an der Küste.

Spiele der Eskimokinder

Jetzt, da ihr von den Erlebnissen Salumos und seiner Freunde gehört habt, wollt ihr vielleicht auch etwas über die Spiele der jungen Eskimos erfahren.

Die Spiele der Eskimos gehen gewöhnlich ruhig und leise vor sich. Wenn sie im Freien spielen, so wissen sie, dass Geschrei die scheuen Tiere verscheuchen kann. Seehunde zum Beispiel, die sich in den kleinen Buchten am Meer versteckt halten, würden auf die hohe See hinausschwimmen, Karibus, die in der Nähe grasen, würden in das Bergland fliehen, die Vögel hoch in die Luft fliegen, und die Eskimoleute müssten hungern. Und wenn sie in den Schneehäusern spielen, dann wissen sie, dass sie die Erwachsenen bei der Unterhaltung nicht stören dürfen. Auf diese Weise lernen sie, still und ruhig zu spielen; ihre Spiele sind zwar etwas derb, aber meist geräuschlos.

Eskimokinder spielen nie «Räuber». Sie können sich einen Gangster oder einen Verbrecher gar nicht vorstellen. In ihrem Land dient ein Gewehr nur der Jagd auf Tiere, die sie wegen der Nahrung oder wegen der daraus zu fertigenden Kleider erlegen. Nie darf es auf einen Menschen gerichtet werden, auch nicht aus Spaß.

An Jagdspielen nehmen Jungen und Mädchen als gleichberechtigte Partner teil. Man erwartet von den Mädchen, dass sie ebenso schnell laufen, ebenso scharf zielen können und ebenso gute Schützen sind wie die Jungen.

Viele Spiele der Eskimokinder sind nichts anderes als Vorübungen für ihr späteres Leben. In diesen Spielen geht es um Schnelligkeit, Gewandtheit und Zielsicherheit. Ohne diese Geschicklichkeiten könnten sie weder Fische noch Vögel erlegen, weder den Seehund noch das Walross treffen, noch das Karibu oder den Bären töten. Weder Nahrung noch Kleidung hätten sie, und auch kein Öl für ihre Lampen, keine Felle und Pelze für ihre Bettstätten, Zelte und Boote. Deshalb sind die Eskimospiele nicht nur zum Vergnügen der Kinder da, sondern vor allem zur Vorbereitung auf ihr späteres Leben.

Eskimos sind nicht der Ansicht, dass Arbeit nur für Erwachsene und Spiele nur für Kinder da sind. Gerade weil die Kinder sehr früh daran gewöhnt werden, den Erwachsenen in allen ihren Betätigungen zu helfen, sind auch die Erwachsenen niemals zu alt, sich an den Spielen der Kinder zu beteiligen. Im Gegenteil, die Kinder finden es spannender, wenn ältere Leute bei ihren Spielen mitmachen – wahrscheinlich, weil es dann lustiger zugeht.

Das Seehundspiel

Im Frühling gibt es bei den Eskimokindern das Seehundspiel. Es ist die Zeit des Jahres, in der die Seehunde aus dem Wasser herauskommen, um im Sonnenschein auf dem Eis zu dösen.

Ein Kind spielt die Rolle des Seehundes, die anderen sind die Jäger.

Der «Seehund» liegt neben einem auf den Boden gezeichneten Kreis auf dem Bauch. Dieser Kreis ist gerade groß genug, um Platz darin zu finden. Seine «Vorderflossen» liegen auf der Kreislinie. Die Kreisfläche stellt das «Eisloch» dar, in das er schnell hineinplumpsen kann, wenn er gestört oder erschreckt wird.

Die «Jäger» verteilen sich nun in der Umgebung und legen sich ebenfalls platt auf den Bauch. Nun beginnt das Spiel. Jeder Jäger will natürlich den Seehund erlegen. Um nahe genug heranzukommen, muss er sich so verhalten wie ein Seehund, der sich auf dem Eis sonnt. Dann wird auch der echte Seehund nicht erschrecken.

Der Seehund am Eisloch ist aber ein wachsamer und aufgeweckter Seehund, der scharf auf das geringste Geräusch achtet. Manchmal bewegt er seine «Hinterflosse», um dann im nächsten Augenblick wieder ruhig liegen zu bleiben. Ab und zu wälzt er sich in wohligem Gefühl auf dem Rücken und kratzt sich oder bewegt seine Vorderflossen, um sich dann wieder auf den Bauch zu legen. Dann rührt er sich eine kurze Weile nicht, und diesen Umstand muss nun der Jäger schnell ausnutzen. Langsam kriecht er mit den Armen vorwärts und vermeidet jedes Geräusch.

Plötzlich stellt sich der alte Seehund auf die Vorderflossen, hebt den Kopf und schaut um sich. Dann bewegt der Jäger seine Beine wie Flossen hin und her. Da der alte Seehund kurzsichtig ist, hält er ihn für seinesgleichen, und zufrieden, dass alles in bester Ordnung ist, legt er sich wieder zu einem kurzen Nickerchen nieder. Diesen Augenblick benutzen die Jäger, um sich wieder ein Stückchen vorwärts zu schieben.

Schöpft der Seehund Verdacht, so schiebt er sich näher an sein Loch heran oder plumpst auch gleich ganz hinein. Dann erwischt ihn natürlich niemand mehr. Eine wichtige Spielregel ist, dass der Seehund, wenn er um sich blickt, keinen Jäger sehen darf, der sich vorwärts bewegt oder auch nur das geringste Geräusch hören lässt, denn das eine wie das andere würde ihn ja warnen.

Schließlich kommt einer der Jäger nahe genug, um mit einem weichen Ball auf den Seehund zu schießen. Trifft er ihn am Kopf, dann ist der Seehund tot und bleibt still liegen. Trifft er ihn aber nur am Körper, dann gilt er als verwundet und versucht, ehe er gefangen wird, in sein Loch zu krabbeln. Der Jäger stürzt herbei, um ihn noch zu erwischen. Nun gibt es eine wilde Balgerei, denn der Seehund versucht, in sein

Loch zu gelangen, während der Jäger sich bemüht, ihn bei den «Schwanzflossen» zu halten.

Entkommt der Seehund, dann fängt das Spiel wieder von vorne an, wobei kein Wechsel in der Verteilung der Spieler eintritt. Der Seehund muss natürlich sagen können, was ihn in das Eisloch gescheucht hat, zum Beispiel: «Angmak, bei dir hat das Eis geknirscht» oder: «Ich habe Supeali kriechen sehen» oder: «Salumo, du hast vergessen, deine Flossen zu bewegen, und so wusste ich, dass du kein ‹Seehund› warst!»

Wenn aber der «Jäger» gewinnt, schleppt er den Seehund über das Eis nach Hause. Dann wird er abgehäutet und zerlegt. Ein richtiger toter Seehund darf während dieses ganzen Vorganges keinen Laut von sich geben, auch nicht, wenn der Spieler sehr kitzlig ist und das «Abhäuten und Zerlegen» ihn vor Lachen fast bersten lässt.

Der erfolgreichste Jäger darf dann im nächsten Spiel die Rolle des Seehundes übernehmen.

Man kann dieses Spiel zu jeder Jahreszeit spielen, obgleich es vielleicht im Winter am passendsten ist. Die Jäger können sich leichter über den Schnee bewegen als über den Erdboden. Wenn Eskimokinder im Winter «Seehundjagd» spielen, graben sie für den Seehund eine tiefe Grube in den Schnee, in die er sich dann leicht flüchten kann.

Man darf für dieses Spiel nur einen weichen Ball nehmen. Eskimokinder machen ihn gewöhnlich aus kleinen Stücken Seehundfell, die in ein größeres Fell eingenäht werden. Manchmal nehmen sie zu diesem Zweck einfach ihre zusammengerollten Fäustlinge.

Das Botenspiel

Sind die Kinder abends im Iglu versammelt, oder tagsüber, wenn ein Blizzard über das Land rast und sie nicht ins Freie können, dann ist ihre Lieblingsbeschäftigung das Botenspiel.

Ehe sie alt genug sind, dieses Spiel zu machen, haben ihre Eltern ihnen schon die sonderbaren Zeichen eingeprägt, die das Eskimo-Alphabet darstellen. Sie lernen sie aber erst während des Botenspieles richtig lesen und schreiben.

Je mehr Kinder daran teilnehmen, desto größer ist der Spaß. Das Spiel geht folgendermaßen vor sich: Ein Kind nimmt Platz am Eingang des Iglu. Das ist der Bote. Alle anderen schreiben die Botschaft. Sie sind in zwei Gruppen eingeteilt und kauern sich auf den beiden entgegengesetzten Seiten des Iglus zusammen.

Nun macht sich jede Seite zum Schreiben der Briefe fertig. Der Inhalt handelt immer von dem am Eingang sitzenden Boten. Da die Eskimos Papier nicht kennen, verwenden die Kinder Seehundfelle. Sie schreiben auf der weichen Innenseite mit Graphitstückchen, die sie von den Felsen abgebrochen haben.

Natürlich gibt es während des Spieles viel Geflüster und unterdrücktes Lachen, denn jede Gruppe hilft zusammen, einen der beiden Briefe zu schreiben. Jede Seite wählt einen Schreiber, der alles aufschreibt, was ihm die anderen sagen. Von Zeit zu Zeit schauen sie zu dem Boten hinüber, der am Eingang ausharrt, und bemühen sich, recht viel Sticheleien gegen ihn zu finden. Dann kichern und flüstern sie wieder und der Brief findet immer neue Fortsetzung. Nie steht etwas Hübsches darin. Man diktiert dem Schreiber die niederträchtigsten Dinge, die man sich nur ausdenken kann. Darin liegt der Spaß des Spieles. Man macht sich über sein Äußeres lustig. Seine Schuhe sind zum Beispiel unordentlich gebunden oder er hat eine Hose an, die ihm zu groß ist und sicher seinem Vater gehört. Sie machen ihm Vorwürfe und erteilen ihm Ratschläge, wie er dies und das besser machen könne, zum Beispiel wie er neulich den Seehund nicht erwischte, weil er ein dummer Junge war und sich gerade in dem Augenblick schneuzte, als der Seehund Luft schnappen wollte. Man schreibt alles auf, was man sich nur ausdenken kann, um ihn recht zu ärgern.

Da der Bote das Spiel kennt und weiß, warum die anderen kichern und lachen, kann er es kaum erwarten, bis er erfährt, was man über ihn geschrieben hat. Je länger man mit dem Brief braucht, desto größer wird die Neugierde.

Schließlich hat man aber alles geschrieben, das Schreibleder zusammengerollt, natürlich mit dem Pelz nach außen, und mit einer Sehne zusammengebunden. Dann wird der Bote gerufen. Den Brief der einen Gruppe hat er der anderen zu bringen und umgekehrt, danach muss er seinen Platz wieder beim Eingang einnehmen.

Nun werden die beiden Briefe aufgerollt und gelesen, sodass die eine Gruppe erfährt, was die andere geschrieben hat. Das geschieht alles ganz leise, damit der Bote nichts davon hören kann. Man lacht, guckt zu ihm hinüber und neckt ihn, während er immer ungeduldiger wird, denn er will endlich erfahren, was man über ihn geschrieben hat.

Nach einer Weile werden die beiden Briefe wieder zusammengelegt und dem Boten übergeben. Dieses Mal behält er sie. An seinem Platz am Eingang rollt er sie auf und liest sie laut vor. Es versteht sich, dass die Briefschreiber kichern und lachen, während er alles vorliest, was sie über ihn ausgedacht haben. Sein Gesicht wird dann oft rot vor Zorn. Manchmal kommt es auch vor, dass er sich hitzig verteidigt, was die Briefschreiber aber nur noch mehr belustigt. In seltenen Fällen kommt es sogar vor, dass er auf sie losgeht und sich mit ihnen balgt. Aber dazu wollten sie ihn ja nur aufreizen. Da er jedoch weiß, dass sie ihn nur zum Spaß necken und nicht etwa im Ernst alle diese bösen Sachen von ihm behaupten, so beruhigt er sich bald und stimmt in das allgemeine Gelächter ein.

Wenn Neckerei und Balgerei vorüber sind, zählt er zu den Briefschreibern, und ein anderer spielt die Rolle des Boten.

Bärenjagd

Das ist ein spannendes Spiel, bei dem es nicht so leicht ist, erfolgreich zu sein, denn der Bär ist sehr wild.

An dem Spiel kann eine beliebige Anzahl Kinder teilnehmen. Eines ist der «Bär», die anderen sind die «Jäger».

Die Jäger versuchen den Bären zu «töten», ohne von ihm gefasst zu werden. Der Bär bemüht sich, die Jäger kampfunfähig zu machen, ohne von ihnen getötet zu werden.

Während sich der Bär versteckt, halten sich die Jäger Augen und Ohren zu. Im Sommer verbirgt er sich hinter Felsen und Steinen, im Winter in einer in eine Schneewehe gegrabenen Mulde. Der Bär verfügt über mehrere solcher Vertiefungen im Schnee, die teilweise weit voneinander entfernt und durch Tunnels unter der Schneedecke verbunden sind, sodass er sich ungesehen unter ihr bewegen kann. Dieser Umstand erschwert die Aufgabe der Jäger ganz bedeutend. Sie wissen nie, wo der böse Bär plötzlich auftaucht und sich brüllend auf sie stürzt.

Hat der Bär sein Versteck aufgesucht, dann zerstreuen sich die Jäger, gehen hin und her und halten nach dem Bären Ausschau. Jeder hat seinen Ball «schussbereit» in der Hand und verhält sich mäuschenstill, denn sie wissen, dass er ihnen irgendwo auflauert und sich auf sie wirft, wenn sie nicht aufpassen.

Plötzlich kommt der Bär aus seinem Versteck hervorgestürzt. Einer der Jäger zielt und wirft seinen Ball, indem er «Tong-tong» (in der Eskimosprache «Bum-bum») ruft. Andere «Schüsse» folgen. Wenn ein Ball den Bären am Kopf oder an der Brust trifft, dann fällt er «tot» um. In diesem Falle darf der glückliche Jäger die Bärenrolle im nächsten Spiel übernehmen. Häufiger aber springt der Bär so schnell aus seinem Versteck heraus und verursacht ein solches Durcheinander unter den Jägern, dass alle auf ihn abgeschossenen Bälle das Ziel verfehlen oder ihn nur verwunden. Wird er verwundet, dann brüllt er laut auf und kämpft nur umso wilder.

Da gibt es natürlich viel Gelächter, Stolpern, Fallen und Durcheinander, wenn der Bär knurrend, fauchend und mit den Pfoten um sich schlagend, zuerst nach dem einen, dann nach dem anderen Jäger rennt. Wenn alle Bälle verschossen sind und der Bär von ihnen nicht getötet worden ist, liegt ihre einzige Rettung in der Schnelligkeit. Deshalb stürzen sie in wilder Flucht davon. Aber der Bär ist hinter ihnen her.

Erwischt er einen, dann packt er sein Opfer und brummt und brüllt, während er sich abmüht, es zu «verspeisen». Die anderen Jäger können nur zusehen, denn sie haben jede Möglichkeit, den Bären anzugreifen, verloren, wenn sie mit ihren Bällen das Ziel verfehlt haben. Keiner verfügt nämlich über einen zweiten Schuss. Ist der Bär mit einem Jäger fertig, dann verfolgt er den nächsten, vorausgesetzt, dass sich noch einer sehen lässt.

Schließlich sind alle Jäger entweder entkommen oder gefangen. Dann übernimmt ein anderer die Rolle des Bären, und das Spiel kann von vorne beginnen.

Vielleicht findet ihr in der Nähe eurer Wohnung kein Gelände, wo der Schnee tief genug ist, um Tunnels in den Schnee zu bauen. Das Bärenspiel kann aber überall vor sich gehen, wo der Bär die Möglichkeit hat, sich gut zu verstecken und für die Jäger eine genügend große Fläche zur Flucht vorhanden ist.

Zielwurf mit Steinen

Die Eskimos sind ausgezeichnete Schützen und freuen sich daher auch an Spielen, die diese Geschicklichkeit pflegen. Steine nach kleinen Gegenständen zu werfen, die sich in nicht zu geringer Entfernung befinden, ist für Jung und Alt ein bevorzugter Sport. Ein kleiner, auf einen größeren aufgesetzter Stein ist oft das Ziel. An dem Wurfspiel können beliebig viele Schützen teilnehmen. Man stellt sich in einer Reihe auf, jeder Teilnehmer wartet, bis er an die Reihe kommt, dann zielt er sorgfältig und wirft. Gewöhnlich hat jeder seinen eigenen Stein, der sorgfältig ausgewählt worden ist und schon wiederholt Verwendung gefunden hat, sodass der Wurf unter Berechnung der Eigenschaften des Steines erfolgt. Häufig tragen die Kinder diese Steine die ganze Zeit mit sich herum und verwenden sie Jahr für Jahr. Auch ihr könnt euch einen solchen passenden Stein suchen und in immer größerer Entfernung vom Ziel eure Geschicklichkeit auf die Probe stellen. Nach einiger Zeit könnt ihr euch zu einem Wettwerfen zusammenfinden.

Die Karibujagd

Hier handelt es sich um ein Spiel, in dem eine «Karibuherde» einem «Jäger» gegenübersteht.

Die Kinder, welche die «Karibus» darstellen, stehen vornübergeneigt und lassen die Arme herabhängen. Die Köpfe tragen sie hoch und tun so, als bewegten sie ihr Geweih hin und her. Die Herde schiebt sich langsam vorwärts. Manchmal senken sie den Kopf und tun so, als ob sie ästen. Dann und wann bleiben sie stehen und horchen und schnaufen leise wie ein richtiges Karibu: «Ouh! Ouh!»

Der Jäger liegt hinter Eisblöcken oder Felsen versteckt, es

gibt ja auf der Baffin-Insel weder Bäume noch Sträucher. Von den wachsamen Karibus darf er nicht gesehen werden, auch darf er kein Geräusch machen, das die Karibus hören könnten. Vor allen Dingen muss er auf die Windrichtung achten. Ginge er nämlich auf die Seite, von welcher der Wind kommt, so würden die Karibus Witterung von ihm bekommen. Wenn die Karibus die geringste Bewegung bemerken oder den Jäger wittern, werden sie sofort unruhig und rennen mit größter Geschwindigkeit davon.

In einiger Entfernung ist eine Stelle bezeichnet, die ihnen Sicherheit und Rast gewährt, denn dort dürfen sie nicht angegriffen werden. Haben sie einmal diese Stelle erreicht, dann hat der Jäger das Spiel verloren.

Bringt hingegen der Jäger die nötige Geduld auf, kriecht er langsam heran, ist er immer auf Deckung bedacht und erinnert er sich fortwährend, dass die Karibus ihn weder sehen noch hören oder wittern dürfen, dann kann es ihm wohl gelingen, seinen Ball auf ein ahnungsloses Karibu abzufeuern. Trifft er das Karibu am Kopf oder hinter den «Vorderfüßen», also in der Herzgegend, so fällt das Karibu wie vom Blitz getroffen um und ist «tot». Sogleich fängt der Jäger an, es abzuhäuten und auszuweiden. Die anderen Karibus haben sich indessen natürlich alle in Sicherheit gebracht.

Wird ein Karibu an einer anderen Stelle als am Kopf oder in die Brust getroffen, so gilt es nur als verwundet. Nun beginnt erst der Spaß, denn es muss sich, während es die Flucht ergreift, ganz so verhalten wie ein verwundetes Tier. Hat es zum Beispiel einen Schuss in ein Bein erhalten, so kann es dieses nicht mehr gebrauchen, muss es hochhalten und auf einem Bein weiterhopsen. Natürlich versucht der Jäger, es zu erreichen, bevor es sich an der verabredeten Stelle in Sicherheit bringen kann.

Gelingt dem Jäger sein Vorhaben, dann muss er einerseits den Geweihstößen aus dem Wege gehen und andererseits doch so nahe herankommen, dass er es mit einem fingierten

Messer «töten» kann. Dieser Kampf zwischen dem Jäger und dem schnaubenden, mit dem Geweih heftig um sich stoßenden Karibu ist ein wirkliches Kampfspiel, in dem Schnelligkeit und Geschicklichkeit eine große Rolle spielen. Natürlich haben die anderen, aus der Entfernung zusehenden Karibus ihre Freude und ihren Spaß an einem Zweikampf.

Vielleicht gelingt es dem verwundeten Karibu, den rettenden Zufluchtsort zu erreichen. Misslingt es ihm, dann versucht der Jäger, ihm den «Todesstoß» zu versetzen. Das arme Karibu, das auf einem Bein nicht weiterhüpfen kann, fällt nach einer Weile um. Dann ist der Jäger der Sieger. Er freut sich, denn nun hat er wieder Fleisch und dazu noch ein Fell für ein neues, schönes Kleid.

Dieses Karibuspiel kann man überall und zu jeder Jahreszeit spielen, wo es genug Verstecke gibt, die dem Jäger die Möglichkeit geben, sich ungesehen an die Karibus heranzupirschen.

Eskimokinder spielen
«Vater und Mutter» und bauen ein Iglu

Eskimokinder spielen ebenso gerne «Vater und Mutter» wie die Kinder anderer Länder und Völker. Ihr Haus ist ein Iglu, was so viel wie «Heim» bedeutet. Schon den kleineren Kindern wird gezeigt, wie man ein kleines Schneehaus baut. Wenn ein Eskimo im Freien zum Beispiel von einem Sturm überrascht wird und nicht mehr nach Hause gelangt, muss er wissen, wie er sich schützen kann. Ein solches kleines Iglu reicht auch den Kindern, um darin zu spielen. Sie erhalten Felldecken von ihren Müttern, vielleicht sogar eine Lampe. Wenn sie Glück haben, dürfen sie sogar die Kleider ihrer

Eltern anziehen und haben ihren Spaß dabei, Vater und Mutter zu spielen.

Ein Schneehaus wird vollkommen von innen her gebaut. Derjenige, der ein Haus zu bauen anfangen will, wählt zuerst einen Platz aus und zieht dann einen Kreis, je nach der Größe des zukünftigen Iglus. Wer nicht alle Schneeblöcke aus der Fläche innerhalb des gebogenen Kreises herausschneiden kann, ist ein armseliger Iglubauer. Mit seinem langen Schneemesser schneidet er die Blöcke heraus, fast so, wie man sonst Schnitten von einem Brotlaib abschneidet. Diese Blöcke sind ungefähr achtzig Zentimeter lang, sechzig Zentimeter breit und zwanzig Zentimeter dick. Nun hebt er sie sorgfältig vom Schnee ab und setzt sie dicht nebeneinander entlang der Linie, die er in den Schnee gezogen hat. Ist der Kreis vollendet, beginnt er mit der zweiten Reihe, und zwar derart, dass die Nahtstellen der unteren Reihe in die Mitte der aufzusetzenden Schneeblöcke zu stehen kommen. So setzt er Reihe um Reihe, wobei sich die Kreise nach oben zu verjüngen, bis schließlich nur mehr ein Schneeblock eingesetzt zu werden braucht.

Wenn die Familie längere Zeit in dem Iglu zu verbringen beabsichtigt, sucht man eine durchsichtige Eisplatte und setzt sie als Fenster ein.

Der Boden des Iglu liegt tiefer als der Schnee außerhalb des Hauses, denn die Schneeblöcke sind ja innerhalb der Mauer des Hauses aus dem Schnee herausgeschnitten worden. Nun zieht der Eskimo eine Linie quer durch die Mitte des Bodens und hackt den Schnee auf der vorderen Hälfte weg. Auf diese Weise liegt der hintere Raum höher. Dort werden die Felle ausgebreitet, und dort sitzt und schläft man auch. Nun ist das Iglu fertig. Schließlich stellt der Eskimo einen Eingang an der vorderen Wand her, fegt den losen Schnee hinaus und kommt dann mit strahlendem Gesicht aus seinem Haus.

In den anderen Ländern liegt der Schnee gewöhnlich nicht tief genug, um ein richtiges Iglu zu bauen. Ihr könnt aber ein hübsches Modell-Iglu aus Plastilin oder aus weichem Ton machen. Schneidet die «Blöcke» etwa in der Größe eines Dominosteines und biegt jeden ein wenig. Stellt nun die Blöcke im Kreise nebeneinander auf, setzt dann eine zweite Reihe auf, wobei die Mitte eines Blockes jeweils auf die Nahtstelle der unteren Reihe zu stehen kommt. Fahrt nun auf diese Weise mit eurer Arbeit fort. Nach den ersten zwei bis drei Reihen müsst ihr die Blöcke oben ein wenig abschrägen, denn dadurch werden sich die nächsten Reihen etwas nach innen neigen. Jede weitere Reihe sollte sich ein wenig weiter in das Innere des Modellbaues senken, bis schließlich eine Art Kuppel entsteht. Der letzte Block muss so zurechtgemacht werden, dass er sich genau in die übrig gebliebene Öffnung einfügt. Dieser gibt der Kuppel ihren Halt und verhindert, dass das ganze Haus einfällt.

Wenn ihr wollt, könnt ihr noch als Schutz gegen stürmisches Wetter einen gedeckten Gang hinzufügen, der bei dem niedrigen Eingang seinen Anfang nimmt. Nun steht das Iglu fix und fertig da!

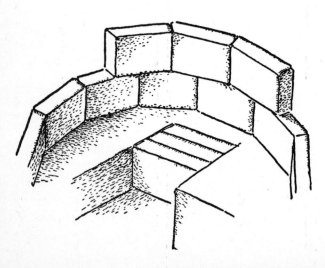

Perlstickerei

Oft bewundert man die Eskimos wegen ihrer schönen Perlstickereien. Kommt das große Schiff einmal im Jahr, dann tauschen sie ihre Felle gegen schönfarbige Perlen ein. Während der langen Winterabende nähen die Frauen sie auf Fellbänder und bringen dabei sehr schöne Muster zustande. Diese Perlstickerei kann man von einem Kleid, wenn es unansehnlich geworden ist, wieder abtrennen und auf ein neues nähen.

Die Kinder lernen diese Kunst sehr früh. Man gibt ihnen zum Nachahmen keine Muster. Jedes fädelt die kleinen Perlen auf einen langen Faden aus einer Karibumähne, legt sie auf ein Stück Fell oder Leder und fängt nun an, sie nach eigenem Gefühl so lange hin- und herzurücken, bis ein Muster entstanden ist, das Beifall findet. Dann näht das Kind sie an der festgelegten Stelle an. Das gleiche Muster kann immer wiederholt oder auch ein anderes dazwischengeschoben werden. Die Zahl der Möglichkeiten bei der Erfindung von immer neuen Mustern ist unendlich. Dann wird auch noch der Zwischenraum mit Perlen ausgefüllt, und der Streifen ist über und über mit glitzernden Perlmustern bedeckt. Mädchen erlangen in der Perlstickerei eine außerordentliche Geschicklichkeit und bilden sich auch etwas darauf ein, ihre Kleider mit schöner Perlstickerei zu besetzen.

Die Eskimos arbeiten an ihren Perlstickereien zu jeder Tages- und Jahreszeit, sie sehen sie aber als besonders angenehmen Zeitvertreib an, wenn sie wegen schlechten Wetters weder jagen noch spielen können. In Hungerzeiten und bei großer Kälte holen sie oft ihre Perlstickerei hervor, um ihren Gedanken eine andere Richtung zu geben.

Auch ihr könnt euch mit dieser Art der Stickerei beschäftigen. Beschafft euch ein Stück Filz oder weiches Leder! Reiht dann eine Anzahl kleiner Perlen von der Farbe, die euch gefällt, auf einen langen Faden. Legt nun die Perlenschnur auf den Filz oder das Leder, wendet sie so lange hin und her und macht Schleifen, bis ein Muster zustande kommt, das euch gefällt. Danach nehmt Nadel und Faden und näht die Perlenschnur fest, indem ihr kleine Stiche zwischen den Perlen anbringt.

Seid ihr damit fertig, dann könnt ihr noch die Zwischenräume mit passenden Perlen ausfüllen.

Wenn ihr auch damit fertig seid, könnt ihr mit eurer Perlenstickerei euer Kleid, euren Pullover, eure Taschen und Mützen verzieren.

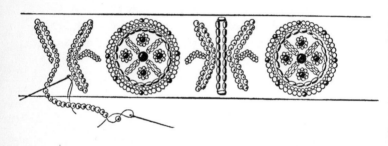

Das Haifischspiel

Eine Linie wird auf dem Boden gezogen, die eine Seite stellt nun das «Wasser», die andere das «Land» dar.

Auf dem Land spielen einige Kinder.

Im Wasser lauert ein hungriger Hai.

Auf dem Lande kann sich eine unbegrenzte Menge Kinder am Spiel beteiligen, im Wasser ist jedoch nur ein einziger Haifisch.

Die Kinder sind in Sicherheit, solange sie auf dem Land bleiben. Der Hai wartet ja nur darauf, dass einer die Trennungslinie überschreitet, denn das Wasser ist der Bereich des Hais. Schnell packt er zu, und trotz aller Anstrengung des Kindes zu entkommen, wird es von dem habgierigen Hai gefressen.

Manchmal tut er so, als ob er nicht aufpasse, aber natürlich behält er die Kinder scharf im Auge.

Glauben die Kinder, dass er weit genug weg ist und dahernicht gefährlich werden kann, dann strecken sie die Füße über die Linie, ja manchmal «waten» sie sogar in das «Wasser», um ihn zu reizen. Dann aber greift der immer wachsame Hai sie an. Atemlos stürmen sie zum Ufer zurück. Entkommen sie dem Haifisch gerade noch, dann kennt ihre Freude keine Grenzen.

Barbara Bartos-Höppner

Aljoscha und die Bärenmütze

*Was die Kinder aus dem Bärenwinkel erlebten.
Mit Illustrationen von Ottmar Michel.
120 Seiten, gebunden mit Schutzumschlag.*

Aljoscha kommt aus der Stadt in ein kleines russisches Bauerndorf, wo er bei seinen Großeltern lebt. Neben dem Heimweh nach der Mutter macht ihm die Ablehnung durch die Jungen des Dorfes das Leben und die Eingewöhnung in die neue Umgebung schwer.

«Eine Geschichte, fast schon ein Roman, aus dem ländlichen Leben Altrusslands für Kinder, die Sinn für leise Töne und atmosphärischen Reiz haben.»

*Aus der Begründung der Jury
zum Deutschen Jugendbuchpreis Auswahlliste*